歴史文化ライブラリー

251

古代インド文明の謎

堀　晄

吉川弘文館

目　次

1　インド史の素朴な疑問

インド史の素朴な疑問——プロローグ

とんでも学説ではないのか？

インド史の本を読むと、最初にでてくるのが『リグ・ヴェーダ』の話であり、その記述に基づいて、遊牧民であるインド・アーリヤ人の侵入、そしてインド文明の誕生が述べられている。インド古代史研究の泰斗Ｄ・Ｄ・コーサンビー博士の『インド古代史』は、もっとも権威ある本の一つであるが、そこには、

アーリヤ人は、かれらが攻撃しばしば破壊した前三千年紀の大都市文化と比べると、文化的には遅れていた。考古学上アーリヤ文化と記すに足るアーリヤ人の特徴的な土器も特別の道具もない。この民族に世界史上の重要性を与えたのは、牛という移

動させやすい食料源、馬がひく戦闘用の二輪戦車と、重量輸送用の牛車によるところの、まさにかれらの無類の機動性であった。かれらの主要な成果は、封鎖的で衰退しがちな小農耕社会……それは流域文化以外の前三千年紀の特徴を表している……間の障壁を、粗暴な力で破壊したことである。アーリヤ人は彼らに適した地方的な技術をなんでも自分のものとして移動した。彼らの通ったあとは荒廃して、しばしばそこの住民は回復できなかった。

このような記述に基づいているのであろうが、歴史教科書として定評のある山川出版社の『詳説 世界史』（二〇〇六年度版）では、

前一五〇〇年頃から、カイバル峠をこえてインド＝ヨーロッパ語系の牧畜民アーリヤが西北インドに侵入しはじめた。アーリヤ人は、部族社会を構成し、雷や火などの自然神を崇拝し、その賛歌集である『リグ・ヴェーダ』をうんだ。

前一〇〇〇年をすぎると、アーリヤ人は西北インドからガンジス川流域へ移動を開始した。

と、極めて具体的な姿で記述されている。このように具体的に描いてあると、読者は「これは学術的に確実な事柄に違いない」と思ってしまうだろう。

はたして、この記述はそんなに確実なのであろうか？　これらの記述を読むと、アーリヤ人はなんだか南米やアフリカの軍隊アリ、あるいは映画『スターウォーズ』の悪の帝国を彷彿《ほうふつ》とさせる。

しかし、コーサンビーが書いているような、青銅器時代に「特徴的な土器」を持たない文化などは寡聞にして知らない。「彼らの通ったあとは荒廃して、しばしばそこの住民は回復できなかった」というのは、いったいどこのどの時代のことをイメージしているのであろうか。おそらく中央アジアの農耕地帯のことであろうが、荒廃しきった場所も時代も具体的に言及されていないので、おそらく頭の中にしかそのような場所は存在しないのであろう。

少なくとも、中央アジア考古学を専門にする私の守備範囲では、そのような現象は全く見られない。アナウ遺跡が発掘された二〇世紀初頭には「野蛮な遊牧民の移住説」も提唱されていたが、現在では否定されている。

明治時代に人類学者坪井《つぼい》正五郎《しょうごろう》博士が、アイヌの伝説を基に「原日本人コロポックル説」を提唱し、東京大学の清野《きよの》謙次《けんじ》博士と論争になり、結局、「とんでも学説」として消えていった。アーリヤ民族侵入論もこの手の「とんでも学説」ではないかと疑われるが、それにしてはあらゆる本がこの説に従って書かれているので、それなりの根拠があるのだろう……という気もしてくる。インド文明史というのは、『リグ・ヴェーダ』という神話から歴史記述が始められる極めて希《まれ》な地域、もっといえば、世界で唯一の地域なのである。日本だけではなく世界でも、インド史、インド文化に関する概説書、教科書、そして専門書にいたるまで「まず神話ありき」で始まっているといったら、おおかたの読者は「そんなばかな！」と驚くに違いない。しかし、図書館や本屋で確認してほしい……全くその通りなのだから。

このような専門家の怠慢ともいえる現象は、いつまでも続くはずはない。学問上の仮説はいつかうち破られるためにある。そうでなければ、人間の知性に基づいた学問など不要になってしまうだろう。学問の進展とともに、仮説が検証され、破棄され、新しい仮説が提唱される……そのプロセスはどんどんサイクルが短くなってきている。インド史だけがそのプロセスから逃れる訳には行くまい。

素朴な疑問その一・カースト制

インド社会の根底にあるのがカースト制（原語に基づき最近はヴァルナ制と呼ばれることが多い）の話である。私は宗教学には疎《うと》いのであるが、ヴァルナ論の基礎的な記述を読んでも、ちっとも釈然としない。

我々はインド社会というと、すぐにカースト制を連想する。しかし、カーストというのはインドの言葉ではない。ポルトガル語のカスタに由来し、種族、血統を意味する言葉であった。一五世紀末に南インドにやってきたポルトガル人が、インド人社会の階層性を、その集団ごとの社会をカスタと呼んだのである。インドの古典ではヴァルナという言葉で身分が区別されていたので、最近はヴァルナ制と呼ぶことが多くなった。

例えば『ヤージュニヤヴァルキヤ法典』の序章は次のように始まる。

ヨーガ行者たちの主であるヤージュニヤヴァルキヤを敬《うやま》った後、ムニたちは言った。四身分（ヴァルナ）および生活期に属する者たち、及び混血によって生まれたその他の者たちの本来的な正しい生き方（ダルマ）について余すことなく私たちに語ってください。

インドには基本的なカーストとして四階級、すなわち僧侶階層（ブラーフマナ）、武士階級（クシャトリア）、商人階級（ヴァイシャ）、奴隷階級（シュードラ）があるとされる。遊牧民のアーリヤ人がインドに侵入したとき、肌の色の違いに気づき、それを身分制に結びつけたのだという。

階層の差が明確化し職業の専門家が始まるとともに、アーリヤの成員はバラモン、

クシャトリア、ヴァイシャの三階層によりはっきり区分けされるようになった。また
シュードラ階層には、排除された氏族や下等視される職業に従事する者など、雑多な
集団が組み込まれた（ターパル、『国家の起源と伝承』）。

つまり、インド・アーリヤ系の肌の白い人々は、もともと神官、戦士、商人の三階層からなる社会を持っていたが、征服したインドにいた原住民は肌が黒っぽく、彼らを奴隷階層として支配したと考えられている。ヴァルナとは「色・外観」のことで、もとは皮膚の色で征服民族のアーリヤ人と被征服民族の非アーリヤ人とを区別したのが始まりとされる。そこで出てくるのが、色白のインドラ神に率いられた白人系のアーリヤと黒い肌のダシューの対比である。しかし、色（ヴァルナは色を意味する）は四つあるので、ほかはどんな色なのであろうか？　黄色、紫、それともブチ？（後代の文献では、四ヴァルナは白、黄、赤、黒にむすびつけられている）。

『リグ・ヴェーダ』の記述

しかし、インド古代史の聖典ともいうべき『リグ・ヴェーダ』には、全く異なるヴァルナ観が記述されている。これはインドの身分制度に触れた最古の記述の一つでもある。

1　プルシャ（原初の人）は千の頭、千の目、千の足を持つ。プルシャはあらゆる方面

から大地を被い、それよりまだ十本の指の高さにそびえ立っている。

2　プルシャは、過去と未来にわたる一切万物である。また、不死の世界と食物を食べ成長する生き物たちの世界をも支配する。

3　プルシャの偉大さはこのようなものである。しかしプルシャはさらに偉大である。一切万物はプルシャの四分の一であり、四分の三は天上界での不滅性である。

（中略）

7　儀式そのものであるプルシャ、太初に生まれた彼を、バヒルス（敷草）の上で、神々はそそぎ清める。神々は彼を用いて儀式を行った。サーディアの神々も賢者らも。

8　この完全に実行された儀式により、ブリシャッド・アージア（ギーに酸乳を加えたもの）が集められた。これより神々は空を飛ぶもの、森に住むもの、また村で飼われる獣をつくった。

9　この完全に実行された儀式により、讃歌と旋律が生まれた。韻律もそれより。祭詞もそれより生まれた。

10　それ（儀式）より馬が生まれた。両顎《りょうあご》に歯があるすべての獣（が生まれた）。牛も実にそれより生まれた。それより山羊、羊がうまれた。

11　彼ら（神々）がプルシャを分割したとき、いくつの部分に分割したのか。彼の口は何になるのか。両腕は何に。両腿《りょうもも》は何に、両足は何と呼ばれるのか。

12　彼の口はバラモンである。両腕はラージャニアとなった。彼の両腿はヴァイシャである。両足からシュードラが生まれた。

13　月は心から生じた。目より太陽が生じた。口よりインドラとアグニ、呼吸より風が生じた。

14　臍《へそ》から空間の世界が生じた。頭より天上界が現れた。両足から地上世界、耳より方向。このように神々はもろもろの世界を創造した。

『リグ・ヴェーダ』に記述された「プルシャ賛歌」は、学界では後から付け加えられたものとされている（ターパル　一九八六）。私は『リグ・ヴェーダ』の文献批判については全くの門外漢であり、この説明が正当なものかどうかは判断できない。しかし、たとえばターパルのインド国家起源論では、『リグ・ヴェーダ』の「田畑の主に捧げられた賛歌（Ⅳ—57）」について、「この聖典の古層に加えられているが、実際に作られたのは新しいようである」と推察しているが、根拠は全く示されていない。農耕に関係するから新しいだろうと決めつけているにすぎないのである。

たとえ後から付け加えられたとしても、プルシャ賛歌は四ヴァルナの起源に関する明確な記述であるから、これを基に考えるのが学問的方法であろう。それ以外は、揣摩《しま》憶測の類と言わざるを得ない。身分に関して『リグ・ヴェーダ』に最初に出てくるのは、アーリヤ＝ヴァルナとダーサ＝ヴァルナの区別であり、それはイランではアーリヤとダーハという名称であらわれる。アーリヤは資産家、富者という意味であり、ダーサ（ダーハ）は一般的な男、人といった普通名詞である。社会が複雑化するにつれ、ヴァルナも増えていったのであろうか。

それはさておき、『リグ・ヴェーダ』の記述からすれば、四ヴァルナは一つの存在（それは人間の祖先であり、インドそのもの）から生まれたとされている。よく言われるような「遊牧民はもともと神官、戦士、農民という三階級を持っており、征服されたシュードラ階級が後に付け加えられた」というような証拠は全くない。何の根拠もなく、アーリヤ侵入説に都合のよい解釈をしているだけなのである。都合のよい場合は『リグ・ヴェーダ』を引用し、都合の悪い場合は無視する……こんなこじつけとご都合主義解釈は学問とは言わないだろう。

『マヌ法典』の中のヴァルナ

『マヌ法典』では、原人プルシャを創造主ブラフマンに置き換えて伝承している。

ブラフマンは諸世界の繁栄のために、彼の口、腕、腿および足からバラモン、クシャトリア、ヴァイシャ、およびシュードラを生ぜしめた。

威光燦然《いこうさんぜん》たるかの者は、このいっさいの想像を守護するために、口、腕、腿および足から生まれた者たちに、それぞれに固有のカルマを配分した。バラモンにはヴェーダの教授と学習、供犠《くぎ》、供犠の司祭、贈物をすること、贈物を受け取ることを配分した。

クシャトリアには、人民の主語、贈り物を知ること、供犠、ヴェーダの学習、感官の対象への無執着を結びつけた。ヴァイシャには、家畜の保護、贈り物をすること、供犠、ヴェーダの学習、商いの道、金貸し、農耕を配分した。シュードラには、主はただ一つのカルマしか命じなかった。上述のヴァルナに対して嫉妬することなく奉仕することである。

サンスクリット語でヴァルナというのは「色」という意味で、それをインド・アーリヤ侵入説と結びつけ、肌の色の違いがこのような差別を産んだに違いないというのが定説なのである。このような解釈をしたヨーロッパのインド学者たちは、なんと即物的で単純、あるいは人種差別や植民地主義に染まった人たちだったのだろう。

色即是空

普通の日本人なら、「色」と聞けば「色即是空《しきそくぜくう》」という言葉を思い起こすのではなかろうか。色即是空という言葉は般若心経《はんにゃしんぎょう》の中に出てくる有名な言葉である。インド出身の僧法月《ほうげつ》が八世紀に訳した『普遍智蔵般若波羅蜜多心経《ふへんちぞうはんにゃはらみったしんきょう》』では、

色性是空空性是色。色不異空空不異色。色即是空空即是色。

と訳されている。この意味はなかなか奥が深く、さまざまな解釈が行われてきたが、かいつまんで言えば、「この世の物質的現象（色）には実体はないが、実体がないからこそ物質的現象であり得るのである」というような意味である。

また、仏教では五蘊《ごうん》（色《しき》、受《じゅ》、想《そう》、行《ぎょう》、識《しき》）という言葉で人間の肉体と精神を表すが、「色」は物質的現象、受想行識は精神的現象と捉えられる。大乗仏教の基礎を築いたナーガールジュナは『宝行王正論《ほうぎょうおうせいろん》』の中で

五蘊は自我のように見えるが、自我でもなく、また真実に存在するのでもない。
五蘊は真実ではないと知ると、我意識は断たれます。一方、我意識が断たれますと、

五蘊は存在することはできません。

たとえば鏡によって自らの映った姿が見られますが、その映った姿は真実には存在しているのではありません。……鏡によらなければ自らの姿は見られません。このように五蘊によらなければ「われがある」ということもありえません。

と述べ仏陀《ぶつだ》の無我論、縁起論を解釈している。「色」とは、ものの「実体、形」であり、それは「永遠不滅のものではなく、輪廻《りんね》の輪の一段階を表しているにすぎない。それは他との関係において縁起として存在しているのであり、世のすべてがそのような色によって認識され、それは総体としての宇宙の中で一つの役割を果たしている」と考えられるのである。日本語の「勿体《もったい》」などが近い概念であろう。

つまり、人間世界における「ヴァルナ」は「ある役割を果たすべく存在する人間たち」のことであり、インド社会の根底にある考え方を示す言葉で、皮膚の色とは全く関係がないのである。それはインド社会の進化の一定の段階で次第に醸成されやがて、固定化され流動性を失って現在にまで続いているところにインド社会の特質が見られるのである。

ヴァルナの固定化

この固定化はインドにイスラーム教が入ってきたことを契機として強固になったと考えられている。仏教も身分固定化に反対したが、やがてバラモン＝ヒンドゥー教に破れ、インド世界からは消滅してしまった。

現在のインドにおける不可触民の運動を基礎づけたアンベードカル〔一八九一～一九五六〕は不可触カースト出身だった。彼はコロンビア大学で博士号をとったが、本国での差別に苦しみ、一九二〇年代から不可触民制・カースト制撤廃運動をはじめた。一九二七年にはカースト差別を説く『マヌ法典』を焼き、不可触民のみが不可触民を選ぶ分離選挙を要求した。一九五六年には六〇万人といわれる人々とともに仏教に改宗したという。

イスラームは比較的流動性の高い社会を有し、身分の固定という考え方にはなじまなかった。それ故、インドの抑圧された人々はイスラーム教に改宗するものも多く、反対にインド伝統派はヴァルナ制度の厳格な施行を求めたと考えられる。

私のこのヴァルナ論は一般的な定説とは異なっており、現在のところ、全く影響力はない。しかし、インド・アーリヤ侵入説に基づく宗教史、社会史は、いわば「砂上の楼閣」であり、いかに精緻な議論がなされていようと、信ずるに足りないのではなかろうか？

素朴な疑問その二・インドの象徴——聖なる牛

インドの多くの人々が信じているヒンドゥー教では、牛は神の使いとされ、決して殺したり食べたりしてはならない。インドの大都会を悠々と闊歩するこぶ牛の姿はテレビなどでよく見る光景である。

インダス文明を征服したとされるアーリヤ人は牛の遊牧民であり、牛は彼らにとって最も重要、神聖な存在としてあがめられていたと「アーリヤ人征服説」は解説する。しかし、こぶ牛は征服されたというインダス文明の中でも極めて重要な家畜であり、たくさんの粘土製の牛像は如実にそのことを物語っている。こぶ牛を侵入アーリヤ人が持ち込んだとするのは、即断にすぎるのではなかろうか？

定説である南ロシアからアーリヤ人が南下してきたとすれば、彼らがもともと飼育していたオーロックス（Bos primigenius）系の牛を引き連れてきたはずであるが、途中の山羊・羊飼育を行う乾燥地帯で全滅してしまったのであろう。しかし彼らはしぶとくインドまで到達しインド世界を制圧したという。

このような荒唐無稽な想定をする学者達は、頭の中で可能性をもてあそんでいるだけで、想像力が全く欠如しているのではなかろうか。人々が大挙して移動する裏には尋常ではない社会的ストレスの蓄積があったはずであるが、その要因についての言及もほとんどされず、証明されていない「気候変化」のせいにされている。例えば「その現住地の牧草が、おそらく長く続いた乾燥のために、畜牛とその所有者たちを支えるのに不十分になって、その結果移住が起こったのであろう」（コーサンビー　一九六六）という記述に見られるように、「おそらく」に始まり「であろう」で終わり、そして次のページでは「推定」がいつのまにか「事実」に変身していくのである。

生態系によって牛の種類は異なる！

ウシの種類の問題を取り上げてみよう。ヨーロッパ最初のギリシア新石器文化はアナトリアからの移住と考えられるもので西アジア的なヤギ・ヒツジを中心とした家畜構成を示すが、土着化の過程でウシが最も重要になり、金石併用期時代になるとウマが出現し次第に重要度を増していく。

ヨーロッパの牛に関してはスイスの湖上住居からの出土骨の研究が基本となっており、primigenius タイプ（原初のウシ）と brachyceros タイプ（長頭型、longifrons とも呼ばれる）、frontosus タイプ（ブタ頭）に細分されているが、いずれも野生オーロックス（Bos primigenius）が家畜化されたものである。これらの諸文化は南ロシアの森林／ステップ地域を中心に広がったものである。

中央アジアの羊文化

一方、さらに東方、中央アジアの乾燥地域では異なった様相が見られる。金石《きんせき》併用期の後半になるとそれまでの農耕地帯に従属していた関係から発展し、独自のステップ経済への進展が見られるようになる。乾燥地に適応した羊を経済の中心におき、馬を伴った遊牧社会が形成されていくのである。初期青銅器時代に入るとボルガ河流域からウラル山脈にかけてヤムナヤ文化（Pit Grave Culture）が広がり、前二〇〇〇年紀前半にはカタコンベ文化に発展していく。前一七〇〇〜一四〇〇年にかけての中期青銅器時代にはウラル以西にスルブナヤ文化、以東にはアンドロノヴォ文化が分布するようになる。そして後期にはアンドロノヴォ文化は草原地帯に拡大し、天山山脈の山麓まで広がっていくのである。このような状況から推定される姿は着実な発展と人口増加、それに伴う活動域の拡大であって、決して「長く続いた乾燥」による疲弊と住民の逃散などではあり得ない。

中央アジア一帯に広がるヒツジ分布帯について見てみよう。南トルクメニアの新石器時代はジェイツーン文化で代表される。この文化はイラン高原の新石器文化に触発されて生まれたもので、家畜はヒツジ・ヤギ九〇〜九六％となっており、当初から乾燥地に適応した生業体制を整えていた。青銅器時代の家畜構成はヒツジ・ヤギ八〇〜九八％、ウシ一二

〜二〇%となっている。この時代のバクトリアでは牛は群として遊牧させていたのではなく役畜として飼育されていたらしいことは銀器に描かれた鋤《すき》を牽くウシの図像からも推察される。

インドの羊と牛

南ロシアに広がるウシ分布帯、中央アジアに広がるヒツジ分布帯についてみてきたが、次にバルチスタンからインドにかけての様相を検討しよう。バルチスタン高原からインダス渓谷に出る境にあるメヘルガル遺跡では、先土器新石器時代層ではガゼルなどの野生種が六〇%弱を占め、ヤギ・ヒツジは四〇%弱、ウシは五%に満たない。野生種の割合は後期になると減少し上層では一〇%程度になり、ヤギ・ヒツジは六〇%弱、ウシは三〇%強となっている。野生種が減るのは耕地の拡大に伴ってガゼル、オオカミなどの害獣が駆除されていった過程を示すと考えられる。牛の占める割合は急速に増加し、土器新石器時代層では六五%にも達している。しかも、その牛は新たに家畜化されたインドこぶ牛で、インダス文明へと引き継がれていくのである。

要するにウシ分布帯、ヤギ・ヒツジ分布帯は生態的に全く異なるもので、南ロシアのウシ遊牧民が南下してインドにまで至ったという仮説は荒唐無稽以外の何物でもないように思われる。

インドの先史時代と歴史時代との連続性

インダス文明に代表される先史時代のインドと、アーリヤ人が『リグ・ヴェーダ』を携えて侵入してきた歴史時代（もちろん、最初は原史時代とよぶべきであるが）との連続性は決して否定されるべきではない。アーリヤ侵入論では、インド土着の文化が部分的に生き延び、あるいはアーリヤ文化に影響を与え変質させたと説明する。

しかし、その連続性がインド社会の根底をなすものであったら、社会の断絶を主張するのではなく、異民族による征服や大挙した人々の移住説に疑いの目を向けるのが、学問的には当然の態度である。

アーリヤ人征服説という学問上の仮説に基づいて、インド社会は分裂（たとえば、南インドの人々にとっては、北インドの人々は植民地支配をしたイギリスと同じ侵略者であるという意見も強く打ち出されている）と混乱を引き起こしている。学問上の一仮説がこのような社会不安の根拠になっている状況は異常であるし、学問が責任をとれるとはとうてい思えないのである。

インド・アーリヤ人征服説の誕生

インド・ヨーロッパ語族とは何か

インド・ヨーロッパ語族の発見

古代インドの聖典が書かれたサンスクリット語は、動詞の語根、文法の型式においてギリシア語、ラテン語と顕著な類似を示しており、おそらくは滅んでしまった共通の言語から派生したに違いない。ゴート語やケルト語、古代ペルシア語も同じ語族に加えられよう。

カルカッタの上級裁判所の判事だったW・ジョーンズ卿は一七八六年、自ら創立したアジア協会で「インド人について」という講演を行い、このような指摘を行った。これがインド・ヨーロッパ語族研究の発端となり、それは比較言語学として発展していったのである。

インド・ヨーロッパ語（印欧語）族に含まれる言語は、スラヴ系のロシア語、ブルガリア語、ポーランド語、マケドニア語、ゲルマン系のノルウェー語、デンマーク語、英語、オランダ語、ドイツ語、ケルト系のアイルランド語、スコットランド語、イタリック系のスペイン語、フランス語、イタリア語、ギリシア系のギリシア語、アナトリア系のヒッタイト語、リュディア語、インド・イラン系のヒンディー語、ウルドゥー語、ネパール語、ベンガル語、ペルシア語、ソグド語、クルド語、中央アジアのトカラ語など枚挙にいとまがなく、ユーラシア大陸の北部から西部はほとんどこの語族に含まれると言える。アメリカ大陸やオーストラリア大陸も席巻したので、現在の地球上の人間の過半数がこの印欧語を母国語にしている計算となる（図1）。

比較言語学の成立

このジョーンズ判事の発見は大反響をもたらし、これらインド・ヨーロッパ諸語の相互関係の研究は、やがて比較言語学として学問上の重要な分野を形作ることになった。比較言語学ではこれら諸語の歴史的発展の過程を、古い時代のさまざまな碑文、叙事詩、経典などをもとに復元し、言語発展の系統樹を作り上げ、その出発点に印欧語の共通祖語（Proto Indo-European : PIE と略される）を置くのである。印欧祖語は言語学の立場から人工的に復元されたものであるが、言語である以上、当

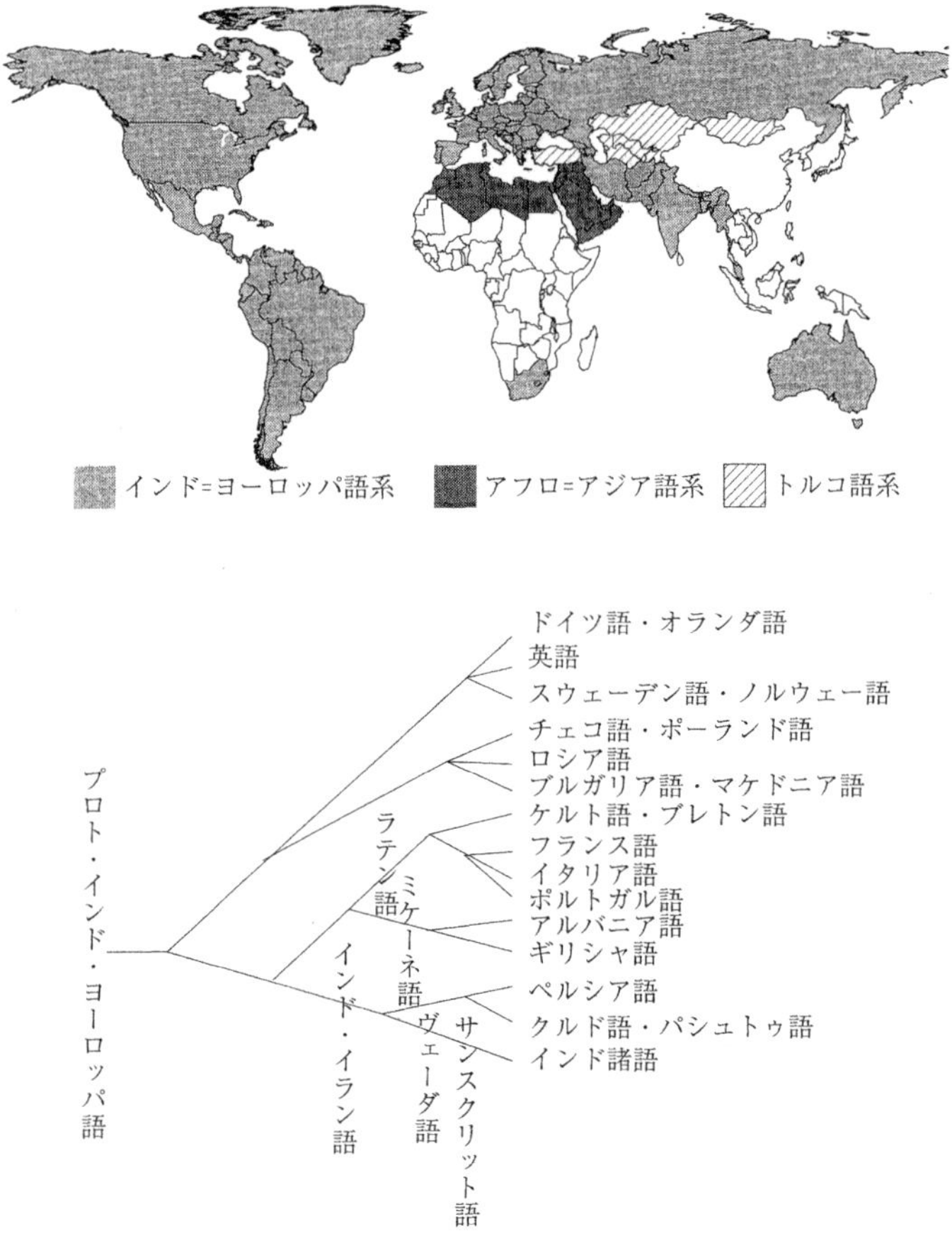

図1　印欧語の分布と系統樹

然、その話し手が存在していたに違いない。しかし、彼らが生きていたのは先史時代のことであり、我々は彼らが四方八方に広がっていき、さまざまな語派に分裂していった結果しか知らないのである。

このような比較言語学の基本的なアイデアは、さまざまな言語学者によって洗練されていった。進化論で有名なチャールズ・ダーウィンも、言語学をヒントに動物の進化を考えたことが明らかにされている（長田　二〇〇二）。「言語学は進化をまさにその核心だと見なした最初の科学であった」と位置づけられている（ボブズボーム　一九六八）。

ダーウィンが『種の起源』を公刊したのは一八五九年のことであるが、一八六二年にはドイツの言語学者シュライヒャーによって印欧諸語の発展が系統樹の形で表現された（図1・下）。彼は「言語も一定の法則に従って成長し発展し、そして老いて死んでいく。生命体と呼ばれるものと同じ一連の現象である。従って言語学は自然科学であり、その方法は他の自然科学の方法と変わらない」と、動物学の教授に手紙で述べているという（風間　一九八七）。印欧祖語はサルと人間をつなぐミッシング・リンクに相当する。

古生物学の分野では一八五六年のネアンデルタール人、一八六八年のクロマニヨン人の発見、一八九〇年のジャワ原人の発掘など、ミッシング・リンクを埋めるべき資料の一端

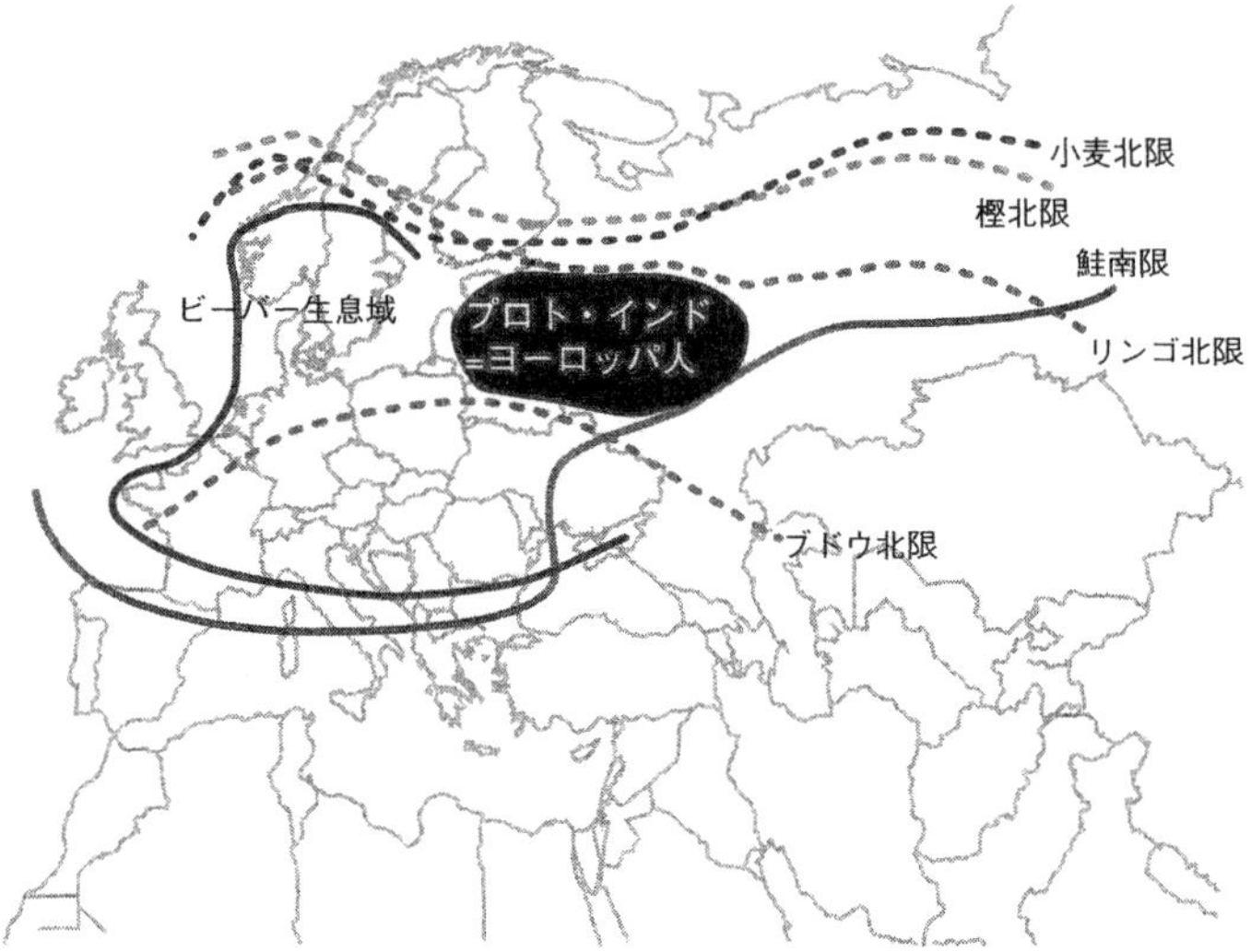

図2　プロト=インド・ヨーロッパ語起源地仮説

が発見されたのであるが、印欧祖語の場合は碑文が発掘されるわけではないので、第一には再構成された言語自身に含まれた情報の分析、第二には考古学的文化との対応関係が課題となる。

印欧祖語を求めて

第一の分野は言語学者の活躍する場で、例えば印欧語の中で共通性の高い「マス」、「ブナの木」を取り上げ、その地理的な分布の範囲内に共通祖語を話す人々が住んでいただろうと考える。すると北ドイツを中心とした地域が浮かび上がり、「ゲルマン説」、あるいは「北欧説」の根拠となった（図2）。やがて「色の白い、金髪で瞳の青い純粋アーリヤ人説」としてドイツ第三帝国でもてはやされることになる。

これに対し、古代の印欧語族が馬の飼育に卓越していたことを示すヒッタイト語文献、アーリヤ人が戦車を駆ってインドを侵略したという神話などから、南ロシアの草原地帯こそ印欧語族の故地とする「東南ヨーロッパ説」が生まれた。しかし、これらは、どの要素を重要と考えるかという論者の視点によって揺れ動き、共通の認識が得られる可能性はないであろう。

言語学と考古学

考古学との連携

次に第二の方法について詳しくふれてみたい。特定の文化が東西に広がり、やがて地域性を帯びながらヨーロッパ一帯、イランやインド、中央アジアに拡散していった様子が明らかにされれば、その文化こそ印欧祖語を話す集団を示し、時代的にも地域的にも特定できる可能性があるという発想に基づいている。「ゲルマン説」では新石器時代後期に北ドイツを中心に広がる縄目文土器と闘斧《とうふ》を指標とした。一方、「南ロシア説」では黒海北岸の草原地帯に広がる高塚を伴う諸文化をクルガン文化と総称し、ここが印欧語族の起源地で、東西への拡散が行われたと考える。現在、最も信奉者が多い学説と言えよう。

「ゲルマン説」では印欧語族の広がりを説明するにはあまりに西北部に偏りすぎているのに対し、クルガン説はほぼ中央に位置し、インドへも、また、ヨーロッパへの拡散も説明しやすい。馬の家畜化が進められた地域にあたり、騎馬戦士となった彼らは南に広がる農耕地帯を侵略しエリート集団として支配するようになったという、印欧語族の基本イメージに合致するのである。

印欧語族の起源と広がりに関するさまざまな研究が積み重ねられ、教科書にも引用される定説「南ロシア起源論」が生み出されたのである。

クルガン仮説

リトアニア出身の考古学者マリヤ・ギンブタス教授（元カリフォルニア大学）は一九五六年に、クルガン（高塚古墳）とプロト・インド＝ヨーロッパ人を結びつけて論じた（Gimbutas 1956）。

クルガンというのは青銅器時代にロシアのステップ地帯にいた遊牧民の墳墓で、アルタイ地方からコーカサス、ルーマニアにいたるまで広い範囲に分布している。クルガンの中央部にある墓室には、支配階級の人々が副葬品とともに葬られ、馬や戦車などが墓に納められることもある。

ギンブタスは、クルガン文化を四期に細分している。クルガン一期は紀元前四〇〇〇年紀前半で、ドニエプル川、ヴォルガ川流域に分布するサルマ文化やセログラソフカ文化を含んでいる。

クルガン二期から三期は、紀元前四〇〇〇年紀後半にあたる。スレドニ＝ストグ文化やマイコープ文化がこれに含まれる。ストーン・サークルや馬に引かれる二輪の戦車、人型神の石彫が見られる。

クルガン四期は紀元前三〇〇〇年紀前半で、ヤームナヤ文化を指標とする。この文化は、ウラル川からルーマニアまで至るステップ地帯全体に拡大した。

ギンブタスによれば、クルガンを伴う球状アンフォーラ文化は、ヨーロッパにおける印欧語族の第二の「原郷」であるという。それが紀元前二三〇〇年前後に、ヨーロッパ中部及び南西部に広がる鐘形《しょうけい》土器（ベル・ビーカー）文化と中・北欧に見られる縄目文土器文化に分離し、究極的にイタリア人、ケルト人、ゲルマン人になっていった。一方、その他のヨーロッパ民族では、バルカン半島や中欧の諸民族、ギリシアに侵入した原ミケーネ人も前述の球状アンフォーラ文化の担い手であった可能性があるとする。

言語学者に人気集中

ギンブタスのクルガン仮説は、考古学者ではなく、比較言語学者に絶大な人気がある。なぜなら、考古学に疎い言語学者は、言語学の仮説を支持するものとしてこぞって採用するからである。

一方、考古学者はギンブタス説を、「とんでも学説」として相手にしないのが普通である。彼女が言及するヨーロッパの鐘形坏文化にしろ縄目文土器文化にしろ、その土地の長い文化的背景の中から生まれたのであって、民族移動を前提とする議論は過去の遺物に過ぎないのである。

地道に土着の文化の発展を追う、土まみれの考古学者にとって、ギンブタス説は、花から花へと飛び回る、いいとこ取りの「浮気な蝶」としか思えないのである。

インド・アーリヤ人征服説とは何か

インド・アーリヤ人征服説を検証する

定説である「インド・アーリヤ人征服説」は本当に説得力を持つのであろうか？　前述のように印欧語族研究の出発点はインドの古代神話、特にヴェーダのなかでも最も古くに成立したと考えられる『リグ・ヴェーダ』におかれている。『リグ・ヴェーダ』は「前十三世紀頃西北インドより侵入してパンジャーブ地方に定住したアーリア人の手に成る神々への讃歌を集めた祭式文学。インド最古の文献としてインド思想の源をなしているとともに、インド・ヨーロッパ語族の保有する最古の文献として言語史的に貴重」（『アジア歴史事典』）とされているが、記録されたのは紀元四～六世紀以降のことである。それ以前は暗唱されて伝えられてきたが、定説によれば、青銅器時代

研究の出発点

後期の歴史を反映しているという。

戦車に乗った遊牧民の神インドラが、色の黒いダシューと呼ばれる土着農耕民の五万の兵士、砦と灌漑《かんがい》設備を破壊し、彼らを征服した。ダシューはインダス文明の担い手であったが、南に逃れた彼らはドラヴィダ人として今に続いている。

青銅器時代とされるのは『リグ・ヴェーダ』に「鉄」という言葉が出てこないからである。しかし、昔は銅の利器を使っていたということは、考古学の母トムゼンが三時期法を発表する以前からの常識であって、古い物語として構成された場合には出てこなくても不思議ではない。一方、巻Iの三七節には槍、刀、装飾品（Spears, swords and glittering ornaments）という文句が出てくるが、この訳が正しければ鉄器時代の物語である。なぜなら、青銅器時代には剣（daggers）はあっても刀などは存在しないのだから。

アーリヤ人の社会

『リグ・ヴェーダ』に描かれたアーリヤ人の社会は職業も複雑に分化して金属細工師、大工、土器作り、機織り、皮革職人、製粉業者、戦車製作師などがおり、遊牧民の社会とは全く異なった農耕に基づく古代国家のそれである。牛の飼育や信仰に遊牧社会の名残を見るのであるが、インダス文明でも全く同じ習慣が見られたことは無視されてしまう。遊牧民が農耕社会を侵略・征服したという固定観念がすべての解釈の前提にされているのである。

そのような前提をはずすと、全く異なった解釈も可能である。「黒い顔をし、言葉（アーリヤ語）を解しない敵（ダシュー）」は「沈黙する黒い雲」であり、雷神インドラがそれを打ち破るというのは、雷を起こして雨を降らせることとも解釈される（津田　一九九〇）。

一方ではインドラは遊牧の神で反農耕的であり、もう一方の解釈では大地の恵みの雨を降らせる農耕の神となってしまう。どのようにも解釈可能な古代の神話をもとに歴史を語ろうとするのがどだい無茶な話で、『古事記』で日本の歴史を始めるのと同じことになってしまう。

インダス文明は滅んだか？

次に触れたいのは、いわゆる「インダス文明の崩壊とアーリヤ問題」である。インダス文明システムの崩壊に関する年代を最近では古く遡《さかのぼ》らせる傾向にあり、「アーリヤ民族」の出現したとされる前二〇〇〇年紀中葉あるいは後半とは乖離してしまうので考古学の立場からは直接的な関連はないとするのが普通である。しかしインド・ヨーロッパ問題を専門的に扱う研究者はその辺の事情が明確でないために、いまだに「アーリヤ人」の侵入とインダス文明の崩壊を結びつけている向きもある。

折衷的な案としては、インダス文明の社会が疲弊し崩壊しつつある状況の中で「アーリヤ人」が波状的に侵入してきたとする。このような折衷案はもっともらしいが、単に明瞭な意見を持っていないという告白にすぎないだろう。

農業革命の時代

筆者の立場は明確で、「インダス文明」は滅んでいない、形を変えただけであるとする。「インダス文明」を担った何十万かの人々は滅んだわけでなく、従ってアーリヤと称するボート・ピープルが大挙してインドに侵入し居を構える余地はなかった。重要なことは、インダス文明の後半の時期はインド亜大陸における第二次農業革命に当たるということである。

インダス文明期にはかなり発達した農耕が行われ、アインコーン小麦やエンメル小麦は少数派でパン小麦、クラブ小麦が主流になっていた。大麦も皮性だけでなく裸性のものも栽培されている。ところが前一八〇〇年頃になると「インダス文明」の周辺地域、例えばピラク遺跡などに見られるようにコメ（Oryza sativa）、モロコシ（Panicum miliaceum）、ヒエ（Sorghum bicolor）などが栽培されるようになったのである。インドの農業では三種類の穀物が栽培されている。それは西アジア起源の小麦・大麦、アフリカ起源の雑穀類、そして東インド、あるいは東南アジア起源のコメである。雑穀類についてはオマーンのヒリー8

遺跡で前二五〇〇年前後の層から検出されており、モンスーン気候帯を通って北上してきたことが想定される。一方、コメの起源については、ジャポニカ米が揚子江《ようすこう》下流域で栽培化されたことが明らかになったが、インディカ米については不明な点が多い。しかし、ガンジス河流域がコメ生産に適していたことは疑いなく、インダス流域の人々が次第に東方へシフトしていったことは十分考えられる。新しく入って来た穀物は夏作物であり、従来の麦農耕と矛盾せず補完する役割を果たすものと理解されたに違いない。

その意味では、ガンジスの支流であるヤムナー河上流で発見された一群のハラッパー後期の遺跡は注目に値しよう。この地域のハラッパー後期文化には前一七〇〇～一三〇〇年、ポスト・ハラッパー文化には前一三〇〇～一〇〇〇年の年代があたえられているが、このような年代観を基礎におけばインダス地域の人々の東方への移住（もちろん北方や南方にも拡大している）と文化的特殊化が想定できるのである。彼らの生業の詳細については十分に明らかにされておらず、今後の調査研究に注目しなければならない。

DNA人類学の立場から

プロト・インド＝ヨーロッパ人がいて、彼らの一部がインド・イラン系民族として青銅器時代末期に移住してきたとされているが、少なくともインド世界に関して言えば、そのような可能性は極めて薄い。しかし、先史時代の人々がどのような言語を用いていたかは判らないので、考古学からの否定論も隔靴《かっか》掻痒《そうよう》の感を免れないだろう。そこで、今度は人類学、特に最近注目を集めているDNA分析の成果を援用しよう。

人間は何兆もの細胞から出来ているが、その細胞は二種類の生物が融合したものとされている。一つは真核を持つ細胞で、もう一つはその細胞質の中に入り込んでいるミトコンドリアで、これは酸素の代謝を司っている。

真核にもミトコンドリアにもそれぞれ遺伝子、つまりDNAが存在する。世帯交代、つまり受精の時には卵子と精子が融合するが、精子は真核しか持っていないので、受精卵に含まれるミトコンドリアはすべて母親から伝えられたものとなる。男女両系統を問題にした場合は、世代を遡るとネズミ算式に親が増えて系統をたどろうにもしっちゃかめっちゃかになってしまうが、ミトコンドリアの場合は母方のみの遺伝で非常にすっきりと系統を追うことができる。遺伝子分析で相対的な近さ、遠さを算定すると、あらゆる人間集団の系統樹と分岐の相対的時期が明らかになる理屈である。

そのような分析の結果を示したのが図3・下で、線で表したのがDNAによる系統樹、右側が民族と言語を示している。DNA分析による人類系統樹が比較言語学の提出する系

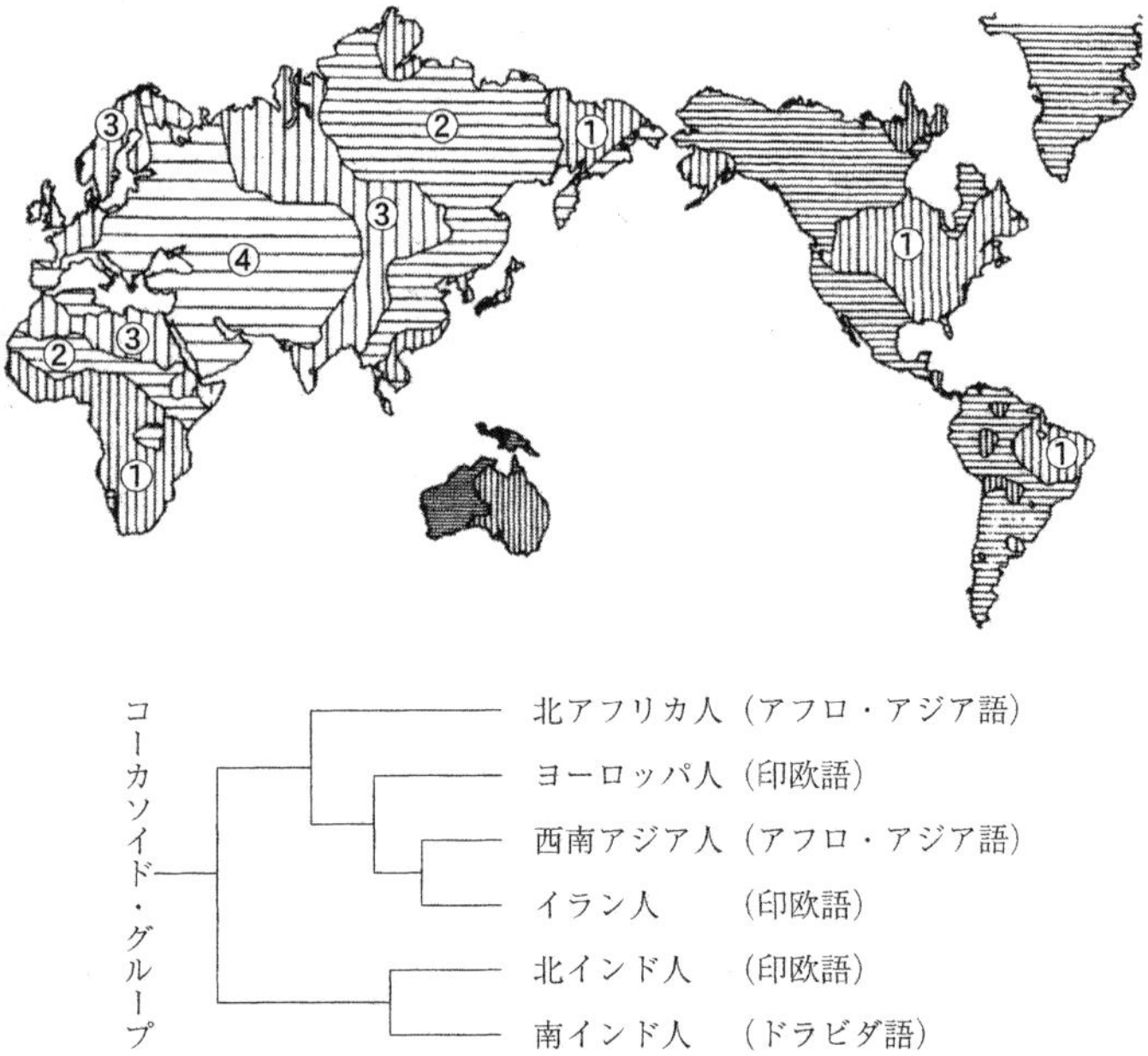

図3　DNA分析による人類の拡散と言語

統樹（図1・下）と相いれないことは一目瞭然ではなかろうか。関係が遠いとされるインド人とドラビダ人が極めて近く、関係が密接とされるインド人とイラン人は全く遠いことが解る。しかも、西南アジア人（セム系言語を話す）とイラン人との距離は、イラン人とヨーロッパ人（同じ印欧系）よりも近しいという結果になっている。つまり、言語と人間集団とは全くレベルの異なる分類であって、相互には関係がないことが明らかになったのである。

インド・ヨーロッパ人の拡散という現象が仮にあったとしても、それを直接検証することは不可能なので、間接的な証拠で明らかにしようと試みられてきた。言語の広がりと人間集団の広がりがパラレルであるという前提が言語学的考察の出発点である。それに影響された考古学者の一部は、物質文化の広がりと人間集団の広がりをパラレルとして、援護しようと試みた。しかし、これらの方法は、文化接解、伝播といった他の解釈も可能であり、あまりに間接的な証拠にしかすぎないのである。

学際的研究の必要性

人類学的研究も決して直接的な方法とは言えない。当時の人間集団のDNAを明らかにすることは、遺跡から発掘された人骨を分析することで可能になるが、資料の蓄積はほとんど進んでいない。一般に行われているのは、現在の人間からDNAを抽出して、そこに蓄積された過去の変化を復元するのである。この方法は言語学や考古学に比べると、人間集団の大きな動きを追う方法としては、より一層、直接的であることは否定できない。

しかし、DNA分析で得られたデータを基に系統樹上の分離の時代を明らかにすることは、まだ困難である。例えばアフリカ人と非アフリカ人の分岐を一五〇万年前（原人の出アフリカ）にするのか二〇万年前（イブ仮説に基づく新人の起源）にするのか、基準が動けば北インド人と南インド人の分岐の年代は全く異なってくる。分子年代学者の絶対年代に関する主張に対しては、古生物学側からの強力な反論が提出されている（瀬戸口　一九九五）。

形質人類学がごくわずかな人骨資料しか持たず、しかも、細かな民族差を明らかにする方法を持たないのに対し、考古学の強みは絶対年代に関して十分すぎるほどの資料を持っていることである。遺伝子人類学で明らかにされた人間集団の動きを基本において、考古学の成果で肉付けすることによって初めて、人類の歴史の大筋が明らかにされるであろう。

言語学は、その系統樹の出発点を証明することができないのであるから、人類学と考古学の成果に基づいて言語学的な肉付けを行うべきである。従来のインド・ヨーロッパ人に関する学説が本末転倒の議論だったことは明らかであるが、この問題に関しては言語学が先行していたという学史的背景があったのである。

比較言語学否定論も存在する！

比較言語学の系統樹に関して言えば、一九世紀にすでに否定論が提出されていた。シュミットの波紋説で、言語は互いに重なり合いながら環状に分布しており、お互いに影響し合い、ある場合は隣接する言語を飲み込み、ある場合は分離していくと考えるのである。

言語はなによりも意思疎通の手段であるから、政治的、経済的関係が強まれば共通性が増していくのは当然であろう。近代教育制度のもとで国家単位の共通語が定着したが、それ以前は方言がモザイク状に分布しており、海や大きな山脈、砂漠などの自然のバリアーがないところでは、諸言語を群に分けることもできない状態だったはずであろう。プロト・インド＝ヨーロッパ人がいたとされる青銅器時代は、広範囲の交易や技術の伝達が行われた時代に相当し、この時代に言語が細かく分離していったとは到底考えられないのである。

神話歴史観に引導を！

アーリヤというのは「高貴な」といった意味で、我が国の「天孫民族」と全く同じ。かなり孤立した島国においてさえ「日本民族」なる概念が生まれたのは明治時代を遡ることはないのであって、民族の起源を数百年、数千年にわたって追求することは極めて困難な問題と言わざるを得ない。

言語・文化・民族という三位一体説がどれほど世間を惑わし悲劇の原因になってきたかは言うまでもない。現在でも、世界中で民族、宗教問題を巡る戦争が行われている。しかし、その根底にあるのは資源の独占であり、民族問題は口実にすぎない。マフィア、政治ボス、経済ボスなどが結託して、民族、宗教問題を正面に出して危機をあおり勢力を伸ばして利権を独占しようとしている。歴史に教訓があるとすれば、「民族を高らかに唱える連中は腹黒いか、それに利用されるトンマ」ということかもしれない。

インダス文字の世界

インダス文明

インダス文明はメソポタミアやエジプト、そして中国とならんで、古代文字発明のセンターとされており、それ故、古代の四大文明という輝かしい地位を占めている。

お笑いタレントだいたひかるの真似をして素朴な疑問を呈してみよう。

「こんな疑問を持つのは私だけ？　いったい、インダス文明のスタンプ印章に刻まれた文字には何が書いてあるんでしょう？」

インダス文明の文字を紹介する文章には、具体的な資料として印章の写真や絵が添えられている。というのも、インダス文字の資料の殆どはスタンプ印章であり、それに加えて少数ではあるが、文字だけの印章や、それを粘土に押しつけて焼いた護符と称するものが知られているだけなのである。

ここで代表的なスタンプ印章を見てみよう。図4右・上に示したのは、モヘンジョ・ダロから出土したステアタイトの印章で、印面は高さ三・七センチ、幅二・九センチ、中心的なモチーフはこぶ牛で、インダス文明では牛の像はテラコッタや石の彫刻に表現されており、古くから聖なる動物として崇拝されていたことを物語っている。そのような牛に対する信仰は、その後のヒンドゥー社会にも連綿として続いていたことは、よく知られている。

この印章で、牛の像に次ぐ重要な要素が、いわゆるインダス文字の文字列だが、もちろん、インダス文字は未解読なので、ここに何が書いてあるかは、どのような学者にしても述べることはできないだろう。私が問題にするのは、どのような情報が込められているか、ということである。

印章の世界

印章は、一般的に商業取引や契約などの証書を作る際に、サインとして押される。すると、個人なり機関なりの名前が書いてあるのではないかとも考えられる。しかし、インダス文明とほぼ同じ時期の中央アジアやイランの印章を見ても、文字が重要な要素となっているものはない。ラピスラズリや金、銀などの交易を盛んに行

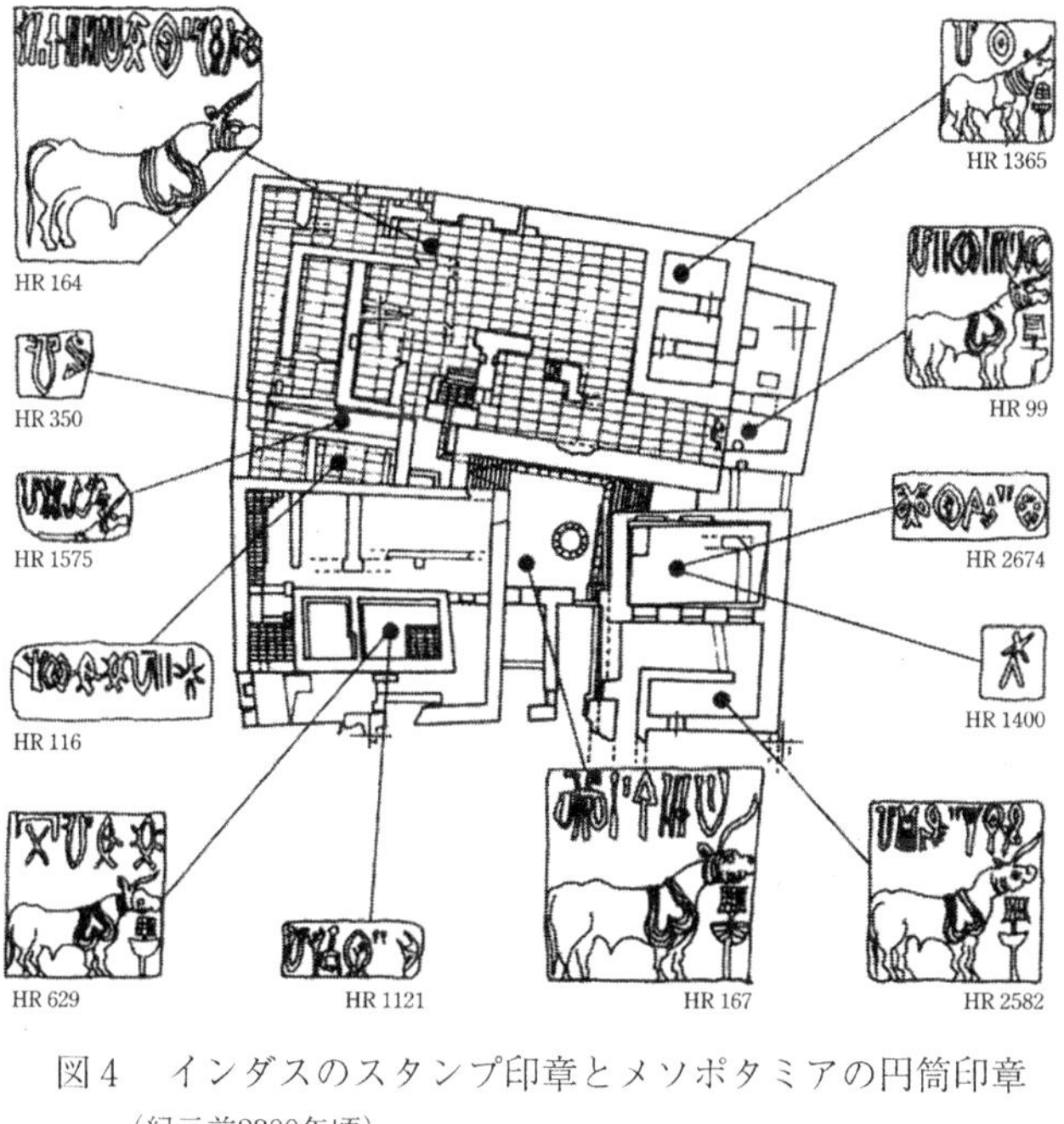

図4　インダスのスタンプ印章とメソポタミアの円筒印章
（紀元前2300年頃）

っていた人々であったが、彼らは無文字社会の住人だったのである。

確かに、メソポタミアの円筒印章には銘文が刻まれているものが見受けられる。たとえば、D・コロンの大英博物館蔵円筒印章カタログでは、アッカド時代の印章四七二点のうち、一四〇点に銘文が刻まれている。図4左・上に示したのは、髭を蓄えた英雄が雄牛とライオンとを相手に戦っている闘争場面の図柄で、アッカド時代を代表する主題の一つである。銘文が楔形文字で刻まれており、「イムタリクの息子、ナビウム」と読めるという。最も多い官職名は「書記」で、さすが、お手のものの文字銘を石細工屋に注文で刻ませたのであろう。彼らは契約書を書いたり、証人になったりすることも多く、銘文入りの印章が必要だったにちがいない。

円筒印章を作るのは地位の高い役人（その多くは書記という称号を持つ）や裕福な商人だったと考えられる。商人は書記のような特別な訓練を受けていないから、ほとんどが文字が読めなかったと考えられる。先ほどの数字で、約三〇％ほどの印章に銘文が刻まれていたというのは、このような印章所蔵者の社会的地位をよく反映していると考えられよう。

スタンプ印章では湾岸タイプと呼ばれる印章にインダス文字が刻まれていることで有名である。この湾岸式スタンプは明らかにインダス文明の影響下に作られたもので、図像の刻み方などからすれば、インダスの職人が注文を受けて、あるいは湾岸地域に移住した職人が作ったものと考えられる。

このように見てくると、インダスのスタンプ印章は、その多くに銘文が刻まれている点で、極めてユニークな存在であることがわかる。インダスの人々は、識字率が極めて高い、知性溢れる人々だったのだろうか？

無文字社会の中の「文字」

最近のインダス関係の遺跡の発掘では、インドのドーラービラー遺跡が注目されている。レンガではなく、切石を積み上げて建物や城塞が作られている。その城塞の門の所で大きな銘文が発見された（図5）。本来は木の板に象眼《ぞうがん》してあった額が落ち、木が腐って象眼文字だけが残されていたものである。ここには何が書かれていたのだろう？「ドーラービラーへようこそ！」などと書かれていたとは、到底思えないのである。

土器にインダス文字が刻まれた破片が一点、同じくインドのロジディ遺跡から出土している（G. L. Possel 2004）。これは何万点にも及ぶインダス土器片の中で唯一の例であり、土器に文字を刻むのが普遍的であったとは到底考えられない。

図5　ドーラービラー遺跡の看板文字

印章の銘文にしても、所有者の名前が印面一杯に書いてあったとは、到底考えられない。そのことをよく示しているのが、印章の出土状態である。例えば、モヘンジョ・ダロの一軒の家屋からどのように印章が出土しているかを見よう（図4・下）。この図によれば、さまざまな部屋から、さまざまな印章が出土しているが、いわゆる一角獣の図柄がほとんどで、この家の住人は一角獣にこだわっていたことがうかがわれる。しかし、印章に刻まれた銘文には特に共通性は見られない。というより、全く共通性が無い。特定の神様の名前が書いてあるようにも見えないのである。

印章に刻まれた呪文

いちばん可能性が高いのは、何らかの僻邪《へきじゃ》、あるいは吉《きっ》祥《しょう》の文言が記されているという解釈であろう。そのように考えると、いわゆる護符と呼ばれる遺物もうまく理解できよう。護符は粘土の薄い粘土板を焼いたもので、文字銘や動物、神話的場面がスタンプで押されている。これを作るスタンプも発見されている。これらの護符は明らかに大量生産され、個人のお守りとして用いられたに違いない。

ドーラービラーの額も、このような僻邪という解釈がふさわしそうである。敵（それは外敵であったり、あるいは宗教的な悪魔だったりするだろう）から町を守る呪文こそ、門にふさわしいと考えられる。

以上のような想定をしても、文字が解読されていないので、結局何が書いてあるかは判断ができない。そんなことを考えている時、「インダス文字は文字ではない」という内容の論文が発表されていることを知った。これを紹介し、私なりの意見を披露したい。

インダス文字は文字ではない！

その論文は S. Farmer, R. Sproat & M. Witzel の連名による *The Collaspse of the Indus-Script : The Myth of a Litarate Harappan Civilization* というもので、インターネット上で公開されている。ファーマーは比較文化史の専門家で、ウィツェルはハーバード大学のインド学の教授で、アメリカを代表するサンスクリット学者である。

彼らはインダス文字解読の歴史を概観する。さまざまな言語に当てはめた結果、ヨーロッパの研究者にはドラビダ語論者が多いが、結局は解読に成功していない。また、インドではインド中華思想が強まり、インド・ヨーロッパ系言語であるという主張が強まったこと（極論ではギリシア語もラテン語もインドの祖語から派生したとする）などが述べられる。結局、文字が解読できないのは、長い文章を記した資料が発見されなかったことが原因である。それは本来の書類が布や葉っぱなどの消滅する素材に記されていたからだ、とする「原資料消滅仮説」に行き着いたのである。

彼らはこの仮説に対して、西アジアやインドでも、歴史的な文書を岩山の崖に記念碑的に刻む習慣は古くからあり、インダス文明だけがそれらを欠いているのは腑に落ちないと批判するのである。

文字出現率のパラドクス

彼らが主張する第一点は、文字出現率の矛盾という問題である。インダス文字はおよそ四二〇文字が知られている。インダス文字の場合は、公表されている銘文の九〇％を表すのに必要な文字数は一〇〇文字程度であるという。それに対して、文字数の膨大な中国語では、一〇〇文字では同程度の文を表すのに四〇％位しか表現できない（新聞の本文の場合）。インダス文字もシュメール文字も同じような傾向を示しており、文字と考えても良さそうである。しかし、スコットランド中世騎士の用いた紋章の図柄でも同じ傾向を示すことに注目する。つまり、文字であろうが、文字でなかろうが、数百個単位のグループの場合、このような出現率のカーブは極めて自然だということである。

これに対して、個々の文章における同一文字の出現率には大きな違いが見られる。インダス文字資料の中でもっとも長い文章は一七文字が記されているが、その中に同じ文字は全く使われていない。エジプトのヒエログリフの場合、カルトゥーシュを見る（それぞれの文字数が七程度で、インダスの銘文に近い）と、六七銘文（総計四六五文字）の中で、同じ文字が繰り返される例は四八銘文にのぼるという。それに対して、インダス銘文六七例文（文字総数四九五）を調べてみると、モヘンジョ・ダロの場合は八例、ハラッパーの場合は七例しか、同じ文字が繰り返される銘文はないのである。

インダス文字の場合、全体では四二〇文字があり、四文字が現れる頻度は二一%、二〇文字では五〇%と、文字の出現率はヒエログリフと同じく偏りが見られる。これに対し、個々の銘文に同じ文字が繰り返される確率は極めて低く、ヒエログリフの場合の六分の一程度に過ぎない。

これを彼らはパラドクスと呼ぶ。要するに、インダス文字はおよそ四二〇文字からなり、この数字は一般的には数十の表音文字と数百の表意文字が組み合わされた文字体系と考えられる。しかし、実際の銘文には、表音文字とか限定詞といった幾度も出現するべき文字がほとんど含まれていないことになるのである。

はぐれ文字の多さ

次に彼らは「はぐれ文字」が多すぎると主張する。ここではぐれ文字と呼ぶのは、全文字資料の中で、一回、あるいはせいぜい数回しか例が知られていない文字のことである。

あるインダス銘文集成には一万三三七二文字が集められ、そこには四一七種の文字が含まれている。その中の二七%、つまり一一二種の文字は一度しか出現しないという。五回までしか出現しない文字は、過半数の五二%、つまり二一六文字に及んでいるのである。また、別の学者の集成では、七一六五文字に六〇〇種類の文字（どれを一文字と数えるかは論者によって異なり、総文字数の数も変わってくる）が記されているとされ、そのうち五〇%の文字は一度しか現れず、七五%の文字が五回以下の出現率を示している。

希にしか現れない文字は、当然のことながら、表音文字ではなく、それ自体で一つの言葉を示す表意文字と考えられる。もちろん、新概念を示す新しい文字が提案されることは幾度と無くあったに違いない。しかし、文字は何度も書かれることによって、書記集団の中で認められ定着していくはずである。はぐれ文字が過半数を占めるような文字体系は、誰にとっても読めない文字体系としか言いようがないのである。

インダス文明は紀元前二六〇〇年頃から前一九〇〇年頃にかけて、およそ六〇〇年にわたって栄えたとされている。このような長い期間にわたって、最初から最後まで、変化もせず、書きやすく、あるいは読みやすくする工夫もされなかった文字体系は例を見ない。

例えば楔形文字の前身であるウルク古拙文字（絵文字）の段階でも、数多くのはぐれ文字が出現している。しかし、それらはやがて淘汰され、表音文字による表現に変わっていったのである。

古代のシンボル体系との比較

ファーマーたちは、文字体系以外のシンボル体系とインダス文字体系を比較する。メソポタミアでは楔形文字の書法が発展したが、それと並行して、別のシンボル体系も使われていた。それが紋章システムである。

代表的なのはバビロニアのクドゥル（境界石）で、王から贈与され、しばしば免税処置も施された土地に対する権利と、それを侵す者に対する呪いが楔形文字で記され、それを保障する神々が紋章の形で浮彫にされている。太陽円盤はシャマシュ神、星はイシュタル神を意味している。これらの紋章は古くから印章の図柄にも刻まれ、建築装飾などにも採用されてきた。また、装身具のモチーフにも盛んに使われている。

ファーマーたちは、このような紋章システムとインダス文字との類似を強調し、インダス文字は言葉と一対一対応する文字ではなく、概念を伝達するイメージであると主張するのである。そうであれば、インダス文字は解読することはできず、裏に秘められたメッセージを推察することしかできないことになるのである。

ファーマー仮説は成立するか

ファーマーはインダス文字は解読不可能と断じ、解読者には一万ドルの賞金を出すと宣言し、これは顰蹙《ひんしゅく》を買っているようだ。京都にある地球環境研究所でインダス・プロジェクトを進めている長田俊樹氏は「本当に解読できないとおもっているのであれば、一〇〇万米《ドル》とでもいえばいいのにと、おちょくりたくなる」と書いている（長田　二〇〇五）。これはちょっとかわいそうで、彼らは学術的な仮説として提出したのであって、全く不可能と断じているわけではないだろう。貧乏学者としては精一杯の賞金を提出したのであろう。冷静に考えれば、こんな賞金を出すというジョークは全く必要ないのだが、新しい見解に酔っているように思われる。

ファーマー等の仮説には賛否両論があるが、インダス専門外の私の目から見ると、インダス文字システムをメソポタミアの紋章システムに対応させるのは無理があるように思わ

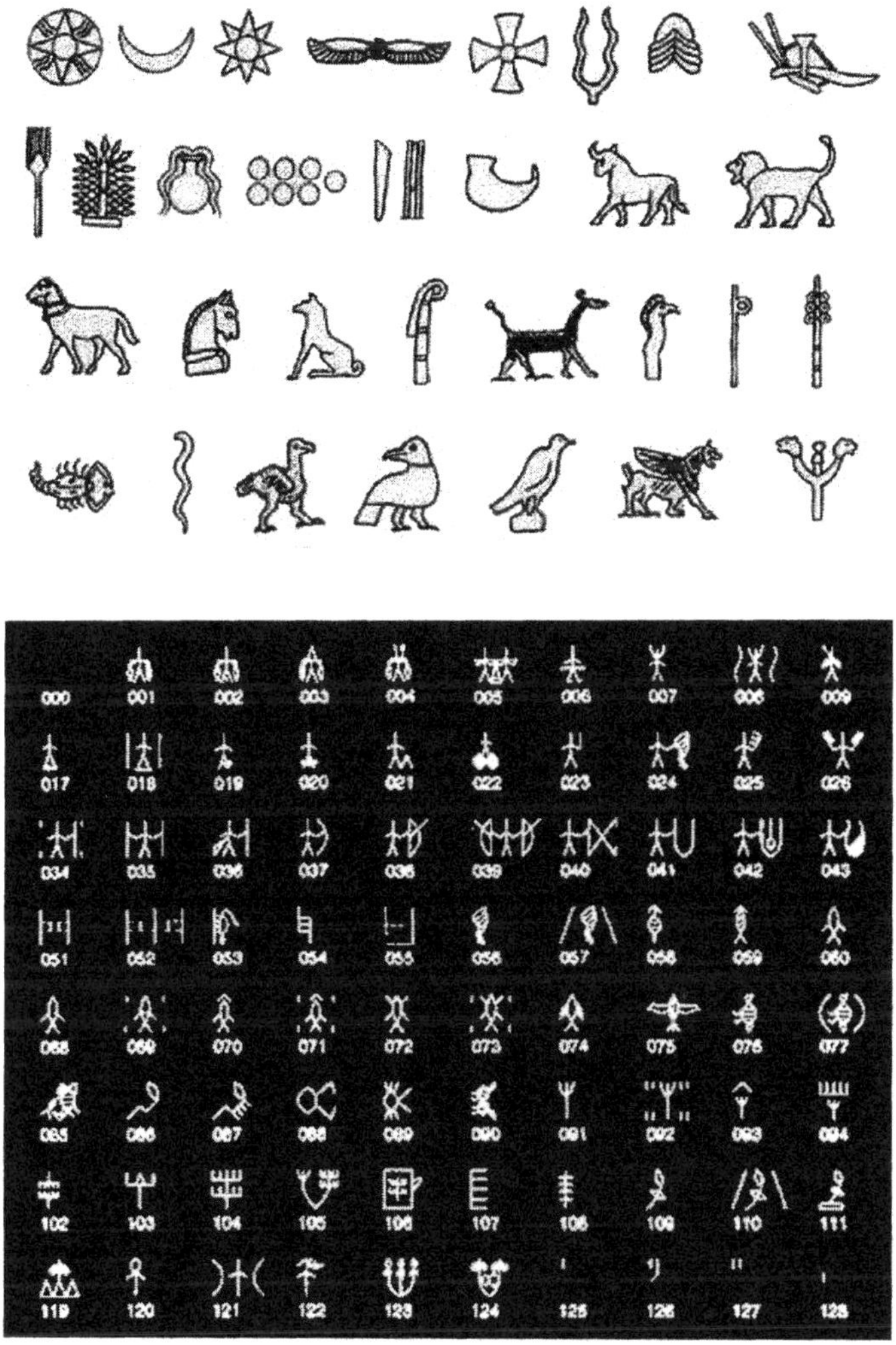

図6　メソポタミアの紋章文字（上）とインダスの文字（下）

れる。

メソポタミアの紋章は極めて具象的で、文字を知らない人も、経験の中で何を示すか、自然に覚えてしまうタイプのイメージだと思われる。今の社会で言えば、禁煙や非常口、エレベーター、トイレなどのサインボードと同じで、これらは日本語が分からない人にも明確に内容が理解できるように工夫されている。もちろん、反対に外国で日本人が見ても分かるようになっている。

インダス文字の中には、確かに弓を持つ人といった具象的なイメージもあるが、多くは極めて抽象的で、一目で何を表しているかが分かるようなものはほとんどない。また、このような紋章は数が限定されているべきで、数百の紋章が身の回りに溢れていたとしたら、無視されるだけで、誰もその意味を理解できるとは思えない。しかし、インダス文字は言葉と一対一対応する文字ではなく、紋章のような何らかのイメージを含んだ記号であるという点は首肯できるのではなかろうか。

ウルクの絵文字は後の楔形文字につながる文字があるために、かなりの文字は読めるが、読めない記号も沢山あり、原文字時代という名前で呼ばれることもある。意味の概略はわかるが、確実には読めないのである。インダス文字も同じような段階だったという可能性もないではないが、先ほどファーマーたちが主張したように、六〇〇年にもわたって原文字時代が続くような状況は、とても理解できないのである。

インダス文字を書いたのは誰？

インダス文字は石に彫られ、粘土に押された。それは粘土の護符であったり、土器のマークになったり、あるいは印章本来の用途である封《ふう》泥《でい》であった。文字を刻んだのは石細工職人である。しかし、彼らがこのような複雑なシステムを理解していたとは考えられず、彼らにどのような記号を書けばよいか指示した人がいるはずである。彼はなにものだったのだろうか？

インダス文字が文字システムであったとすれば、書記集団という存在が考えられる。メソポタミアではウルク期の神殿官僚たちが、財物の管理のためにメモを粘土に書いたのが文字の起源とされている。最初期の絵文字タブレットは、建て替えのために破壊された神殿の整地土層の中から発見されるのである。当時は神殿が最大の企業体で、遠距離交易なども彼らが仕切っていたと考えられる。やがて楔形文字として定着すると、彼らは神殿や王宮の書記として高い地位を占めるようになり、書記養成のための学校が開かれていたことはよく知られている。

しかし、インダス文明の遺跡では、王宮らしき建物や大神殿らしき遺構は全く発見されていない。大がかりな建築としては大浴場や大きな空間を持つ広間（昔は穀物倉とされ、中央集権国家だった証拠とされたが、現在では、そのような機能は認められず、用途不明とされている）などが知られているだけである。おそらく長老会を中心とした市民団が実権を握っていたのではないかと想像される。

瞑想者たち

モヘンジョ・ダロから出土した石の彫像を「神官王」と呼び、彼こそが王であったのではないかと解釈されることがある（図7・右）。ステアタイト製の高さ一七《チセン》ほどの小さな人物像断片で、彼を王と断定するにたる証拠は全くない。この像一つに、インダス文明の社会構造の解釈をゆだねるのは飛躍のしすぎである。半眼の姿を素直に解釈すれば、瞑想者の像である。豪華な衣装も、彼が当時の社会で高い尊敬を受けていたことを示しているにすぎない。このような瞑想者の姿は、おのずから後世の仏陀のイメージに重なってくる。

インダス文明の遺跡には神殿らしき遺構が見つからないが、彼ら尊敬すべき瞑想者はどこにいたのであろうか。仏陀も若いときに家を出て、荒れ野で修行し、先輩の修行者を訪ね、瞑想に耽《ふけ》った。悟りを得てからも、草庵に住み、伝道の旅を繰り返していた。

インダス文明時代の瞑想者たちも、きっと同じように、行者として一所不住の生活をお

図７　インダスの瞑想者像（右，カラチ国立博物館蔵）と
仏陀像（左，古代オリエント博物館蔵）

くり、修行者の集団の中に入ったり、そこから出て孤独な行に励んでいたのではなかろうか？　彼らは世俗の人々から聖者として崇められ、信頼を受けていたはずである。

インダス文明の印章や護符、ドーラービラーの額などに対して、僻邪や呪文、吉祥の意味が含まれているのではないかと想像したが、このような行者集団こそ、それを実現できる人々と考えられる。彼らが、人々の要請に基づいて、相応しい僻邪の呪文を授けたと考えることは、決して荒唐無稽とは思われない。

その呪文は深い宗教的意味を含んだ

ものであり、さまざまなシンボルが組み合わされたもので、決して普段の言葉と交わることは無かったであろう。おそらくヒンドゥー教や仏教で使われる真言（マントラ）の祖先に当たるものであろう。

ファーマーたちは、インダス社会に文字がなかったのは、書記文字を要求するような宗教的哲学的宇宙論的体系が備わっていなかったからではないかと推論している。私に言わせるとこれは全く逆で、書記文字を要求するのは極めて世俗的な勘定書の世界なのである。インダス社会には、普通の言葉では表現できないほど深遠な哲学的宇宙論的体系が備わっていたにちがいない。

インダスは多言語社会

また、インダス文化は、メソポタミア文明やエジプト文明をも凌駕するほどの広がりを持っていることにも注目しなければならない。このような広範囲に同じ文字が長年使われ続けたとすれば、エジプトと同様な、強力な中央集権国家の存在を前提にしなければならないだろう。しかし、そのような政治状況にあったとは到底考えられない。

インダス文字は呪文が書いてあるとすれば、その特徴も理解しやすいようである。六〇〇年間、殆ど変化しなかったのは、宗教家の集団の中で熟成されていったからであろう。

現実に合わせて変化させるより、先覚者の達した境地を伝え守ることこそ重要だったに違いない。

行者はあちこちを放浪していたので、基本的な知識は共有しやすかったと考えられる。インダス文字の出現率がヒエログリフなどの古代文字と同じ傾向を示すのは、このような知識の共有に基づいている。

一つの文章に同一文字が現れる率が低いのは、呪文の主題に沿った記号が選ばれるためで、本来の話し言葉のように、同じ音が不定期に現れることがないからであろう。インダス文字で同じ文字が現れる場合に多いのは、連続して同じ文字がならべられたり、別の文字を挟んで対照的に配置される場合である。これも、その記号の持つ意味を強めたり、視覚的なイメージが大切にされたからではないだろうか。

はぐれ文字が多いのは、伝統を大切にするといっても、時と場合によっては個々の行者が自分なりの工夫を凝らして、新しい意味を込めた記号を作ることもあったことを示している。しかし、それは共有されずに、個人的な記号に終わってしまうことも多かったのであろう。

要するに、「いわゆるインダス文字は社会で尊敬されていた行者集団による呪文」であり、「それぞれの記号や記号列に意味はあったが、その内容を確定することは不可能」というのが、現段階における私の仮説である。

インダス文明かインド文明か？

インド文明という場合、アーリヤ出現から現在までの社会を指し、インダス文明はそれ以前のエピソードとして扱われることがほとんどであった。インダス文字はドラビダ語やエラム語で解釈できるに違いないという思い込みがあったから、その後のアーリヤ社会とは別物とされてきたのである。インダス文字がそのような言葉を示すものではなく、インド社会に深く根付いた行者の呪文に関わるものだとしたら、これまでの見方を大いに変える必要があろう。

インドでは長らく無文字社会が続き、ヴェーダなどの聖典も口承で伝えられた。インダスでも呪文が文字ではない方法で残されたが、文字そのもので教典や信仰文書が記されることはなかったのである。

インダス文明はインド文明そのものであり、その後の社会に大きな影響を及ぼした。インダス文明は滅んだのではなく、また、滅ぼされたのでもなく、前二〇〇〇年紀に新しい社会へと変貌していったに違いない。

モヘンジョ・ダロから出土した銅製の踊り子像は、後世のヤクシー（ヒンズー教の豊穣に刻まれているが、それは仏陀を菩提樹《ぼだいじゅ》に囲まれた神像がインダスの印章に刻まれているが、それは仏陀を菩提樹のそばにある金剛座に招いた木の精霊に通じてはいないだろうか？

私はインダス文明という名称をやめて、インダス文化と呼ぶことを提唱したい。文字がないから文明ではないというわけでは決してない。メソポタミア文明の最初の輝かしい時代をシュメール文化と呼ぶように、連綿と続くインド文明の一員として、その最初の華開いた時代として位置づけたいのである。

インダス人はアーリヤ語をしゃべった

インダス文化が大きな枠としてのインド文明の一員であるという立場に立てば、インダスの人々はインド・アーリヤ語をしゃべっていた可能性が高いという結論が導かれる。もちろん、先史時代のことであるから「可能性」、あるいは「蓋然性」としてしか表現はできない。

そしてこの結論は、この本の一番の論点である。その立証は、言語学だけではなく、人類学、考古学の最新の成果と照らし合わせて、順次行われていくであろう。

古代インドの都市計画

建築学的研究　インダス文字が一般的な意味での文字ではないという仮説にたてば、インダス文化の人々をドラビダ民族に比定し、民族交代があったと主張する根拠の一つがなくなる。したがって今まで漠然と考えられていた、インダス文化と、その後のインド文明の連続性を真剣に検討しなければならない。このような立場から「インダス文化の都市計画」を検討してみよう。

○城塞の建設　地方の中央に、租税の集積地であるスターニーヤを置くべきである。それは建築学者に推奨された地に建てられ、場所に応じて円形か長方形、方形であり、右の方向に流れる水流を有する。陸路と水路を備えた市場都市である。

その周囲に一ダンダの間隔をおいて三つの濠《ほり》を造らせるべきである。それは各々十四、十二、十ダンダの幅があり、深さは幅の四分の三あるいは半分である。濠から四ダンダ離れた場所に、掘られた土により堅固な城壁を造るべきである。それは六ダンダの高さで、その二倍の幅を持ち、象や牛によって踏み固められる。城壁には正方形の小塔を三十ダンダの間隔をおいて造らせるべきである。二つの小塔の間に望楼を造らせるべきである。

○都市の建設　西から東へ向かう三本の王道、南から北へ向かう三本の王道、それが市街の区画である。

それは十二の門を有し、適切な井戸と水路と地下道を有する。一般の街路は四ダンダの幅である。王道、港町の道路、墓地へ向かう道路、村落の道路は八ダンダである。

四姓が共に住む最良の住宅地に王宮がある。住宅地の中心から北方の第九の所に、東向きあるいは北向きに造るべきである。

王宮の北微東の区域に学匠と宮廷祭僧の住居、祭式の場所があり、また顧問官たちが住むべきである。

南微東の区域に、厨房と象舎と糧食倉がある。その彼方《かなた》に香、花輪、化粧品の職人、及びクシャトリアたちが東の方角に住むべきである。

西微南の区域に、林産物倉と武器庫がある。その彼方に、穀物を商う商人たち、軍隊の長官たち、遊女、舞踏家、及びヴァイシャたちが南の方角に住むべきである。

西微北の区域に商品と医薬品の倉庫がある。東微北の区域に宝物庫と牛馬舎がある。都市の中心にシヴァ、クーベラ、ラクシュミー、カーリーの神殿を建てるべきである。梵天《ぼんてん》の守護する門、帝釈天《たいしゃくてん》の守護する門、ヤマの守護する門、軍神韋駄天《いだてん》の守護する門がある。

(『実利論』岩波文庫　青二六三による)

長々と引用したが、これはインド最初の統一王朝マウリア朝の創設者チャンドラグプタ王の宰相だったカウティリヤの記した『アルタシャーストラ（実利論）』の一節である。紀元前四ないし三世紀に書かれたものとされている。マックス・ウェーバーは「ラディカルな統治思想は『実利論』に典型的に現れており、これに比べればマキャヴェリの『君主論』などたわいもないものである」と評している。

そこに記された都市論は極めて具体的で、図に描くこともできる（図8）。

私は出張に出かけた際、新幹線の中でこの本を読んでいて、そのイメージを頭の中に描いたのであるが、「あぁ、これはインダスの都市と同じだ！」と思ったのである。

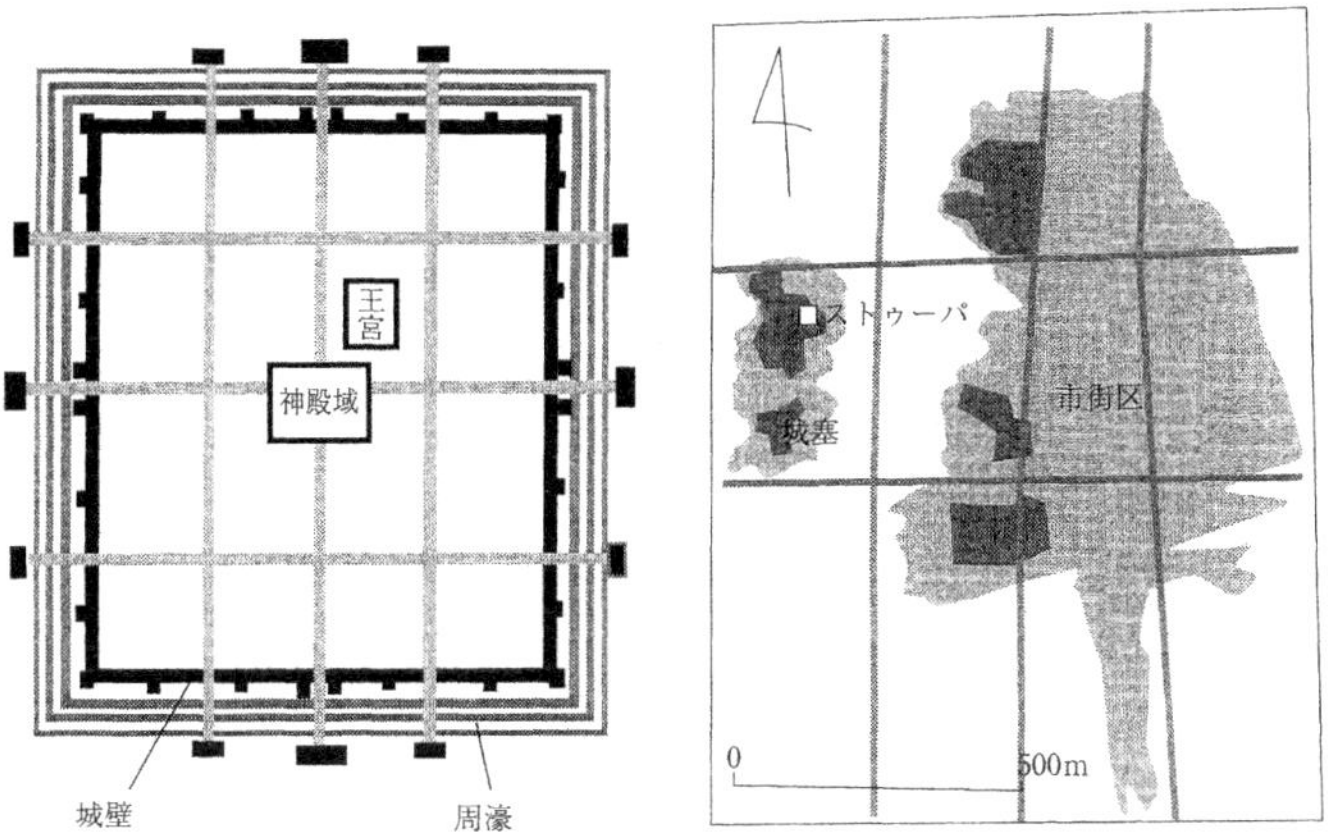

図8　モヘンジョ・ダロの平面図（右）と『実利論』の都市像（左）

インダスの都市

インダスの都市については、さまざまな研究が積み重ねられてきたが、肝心の都市計画の起源については全く未解決のまま残されている。

最近のモヘンジョ・ダロ遺跡の発掘では、下層のラービー期（前三三〇〇～二八〇〇年頃）は小さな村落だったらしく、その上のコートディジー期（前二八〇〇～二六〇〇年頃）にはかなり整備され、広さ二五㌶（東京ドームの五倍）に成長し、城塞も築かれた。盛期のハラッパーは一五〇㌶まで拡大し、下水道他上水道も完備した、ユニークな都市に発展している（ケノイヤー　二〇〇三）。商人や大土地所有者が統治する原始共和制のような政治体制が取られていたと推測されている。『マハーバーラタ』の一巻

「シャーンティ＝パルヴァン」には次のような記述があるのが注目される。

　昔は支配する権威も王もなく、強制も、強制する者もなかった。すべての住民はダルマ正義によってお互いに保護しあっていたからである。

もちろん、これは国家成立に関する一般的な観念を述べたもので、歴史的根拠に基づいた記述ではないであろう。しかし、単純なユートピア思想から産み出されたものと一概に言い切ることもできないであろう。インドではさまざまなことがらが非常に古いルーツを持っている例は数多く見られるからである。

　同時期のメソポタミアの都市は、自然発生的な町並みを示し、例外はシリアのハブバ・カビーラ遺跡のような、ウルクの交易拠点として建設された植民都市に計画性が認められるのみである。

　私は、インダスの都市計画を基にしてマウリア朝の都市計画が作られたという仮説を持っており、それを証明したいと考えているのである。

城塞の意味

　インダス期の都市には城塞がつきものである。それは市街地の城壁の中に築かれる場合もあるし、外に別個に作られる場合もある。中心となる施設は沐浴場のプールで、その脇にはレンガの基壇で造られた集会場（かつては穀物倉とされていたが、そのような用途は想定できないというのが、現在の定説である）がある。これは明らかに、政治権力を握っていた市民会、長老会が儀式や集会のために維持していたものであろう。

後の王政時代になると、このような城塞は築かれなくなった。それは王宮の中に王家のための沐浴場が作られたことと関連する。『実利論』では、王族が暗殺をいかに恐れ、また、敵対する王の暗殺をいかに練っていたかが克明に記されている。一般市民のための沐浴場、集会場はもはや無用のものとなり、人々は近くを流れる川で沐浴することが多かったのかもしれない。

都市整備

モヘンジョ・ダロのコートディジー期に都市が整備し始められたことを述べたが、それはどのような事情であったのであろうか。ここで注目したいのは『マヌ法典』の中の記述である。

王及びクシャトリアは人民を守護し、治安を守ることである。王は守護の見返りとして税を徴収するが、これが国庫となる。商品や農産物、あるいは家畜に対して一定の割合でかけられ、それは五〇分の一、二〇分の一、十二分の一、六分の一などである。

（『マヌ法典』中公新書　九六一）

現在の消費税のようなものである。『マヌ法典』は紀元前後に編纂されたから、王家に差し出すべき税金となっているが、インダス期において長老会が政治権力をにぎっていたとすれば、その税金は拠出税として商人や大土地所有者たちが支払うべきものとされていたと考えられよう。

いずれにせよ、市民の拠出に基づいて、町の整備をしようと決議されたのだろう。一ヵ所の町がそのような決定をし、実際に美化運動が成功すれば、周囲の町もこぞって同じ運動を始めたに違いない。

都市計画プランナー

実際の都市計画を設計し実施したのは誰なのであろうか？　これはもちろん推測にすぎないが、レンガ焼き職人の親方だったのではないだろうか。配下の彼らが、上水道や下水道の整備や建築の設計を担当したのであろう。レンガ職人、土掘り職人、木工職人たちも組織化され、一種のギルドになっていったのだろう。

現在のインドには音楽家の村が存在する。一族が全部音楽家で、注文に応じて出張するのである。都市プランナーの村もかつては存在したに違いない（これは民俗学的調査を行い、検証しなければならない）。

インダス期が衰退し、大きな都市が建設されなくなっても、中小の都市は建設され、そのようなギルド集団が招聘《しょうへい》され、建設に携わったのであろう。

その様相は、インダス地域ではなく、むしろ、その後の歴史の主要部隊となったガンジス河流域で明らかにされるであろう。

インダスからガンジスへ

インダス期の末期にはインダス河上流地域に遺跡が集中する現象が見られる。その東側にはガンジス河の上流地域が拡がっており、そこにはインドでいう金石併用期の文化が分布しているのである。その年代はさまざまであるが、前二〇〇〇年から前一〇〇〇年頃とされ、実際には青銅器時代から初期鉄器時代という分類に入るものである。

ラージャスターンのアハール文化はかなり西にあるが、ガンジスの水系に属している。その遺跡からは銅製の腕輪やメノウ、ラピスラズリのビーズ玉、素焼きの動物像などが出土している。

この動物像について「牛にはスリップが施されることもなく、胴部に爪状工具による施文が見られる他は全く装飾もなく、同様の技法によるハラッパー文化の土偶の例を思い起こさせる」と記述されているのである（ターハル　一九八五）が、それ以上突っ込んでインダスとの関連は決して述べられない。なぜなら、アーリヤ人の侵入によってそれ以前のインド文化は消滅したという前提があるからである。

歴史時代に続くインダスの伝統

歴史時代の遺跡も覗いてみよう。ナガールジュコンダは南のクリシュナー川に面した、ストゥーパで有名な都市遺跡であるが、紀元前二世紀頃に建設が始まり、中世を通じて栄えた都市である。古代名ヴァイシャヤブリというこの町は、城塞と城壁に囲まれた市街地を持ち、上水道や下水道を備え、濠もあったとされる。宮殿もあったらしいが、その遺構は不確実である。世俗建築としてはローマ風の円形劇場があり、また「階段で水辺に降りる沐浴施設の存在は、ふれておくべきものであろう」と記述されている（ターパル　一九八五）。私ならば、「沐浴施設の存在はインダス文化との関連で極めて注目される」と書くにちがいない。

オリッサ州のシュシュパールガル遺跡はアショーカ王の碑文に記載された都市の一つに比定されている。前三世紀から後四世紀まで続いた都市遺跡で、城壁に囲まれ、周囲に川が流れている。歴史時代の都市の姿は『実利論』に描かれている都市像そのものであり、それはインダス期まで続く伝統を引いていることは間違いないようである。

もう一つ、とびきりの情報も付け加えておこう。それはネパール人の研究者で、私の特別な友人である滋賀県立大学研究生M・パント氏の研究である。彼はインダスの都市、タキシラのシルカプ遺跡、そして中世から近世まで続いた都市のプランを詳細に検討し、その建築規範（ユニットの大きさ、構成、長さの単位）が全く共通していることを明らかにしたのである。

この研究も、実際にはインド研究者から「眉唾」扱いされている傾向があるが、私の主張と軌を一にするものであり、仮説として十分に成立すると考えられる。

ダンダ・システム

パント氏たちは、インダス古代都市の実測図に基づいて、設計に使われた基準尺（インダス一間）として一・九三メートルという数字を導きだした。その価はインダス文明だけでなく、ヘレニズム時代のシルカプ遺跡の都市にも使われており、伝統が継承されていることを明らかにしたのである。

ここではインダス基準尺として別の値を提唱したい。それは『アルタシャーストラ』に記載された一ダンダという尺度である。度量衡《どりょうこう》は国家の重要事項であるから、『アルタシャーストラ』の中でも、厳密な記述がなされ、それを司る官僚、違反した場合の罰則なども詳細に記述されている。

インドらしく、尺度の最初は極めて微細な世界から始まる。

八極微が一車輪塵である。八車輪塵が一蟻子である。八蟻子が一虱である。八虱が一大麦粒である。八大麦粒が一アングラ（中位の男の中指の中程の幅）である。十二アングラが一ヴィスタティで、二ヴィスタティが一アラトニである。四アラトニが一ダンダで……バラモンの下賜地や土地を計る尺度である。

一ダンダは約六フィートで、一・八三メートルとなる。このインダス一間はインダス文化の都市プラン、建築だけでなく、中央アジアの都市設計にも使われており、さらにゴータマ仏陀時代のテラウラコット遺跡やヘレニズム時代のシルカプ遺跡でも採用され、時代が下がったカンボジアのバイヨンでも使われている（図9）。

中央アジアからインドにかけての基準尺が、その後のインドやインド文明の影響を受けたカンボジアでも使われていることは、文化の連続性を明確に示していると考えられよう。

インド文明史の再構築に向けて

インド文明史は、アーリヤ人の侵入という全く証明もされていない呪縛思想によって無惨な姿を呈していると、私には思えてならない。

アーリヤ人が南ロシアから中央アジアを通って侵入し、インダス文化を滅ぼしたという威勢の良い説、あるいはインダスの退潮期に入り込んできたという折衷案が提示されてきたが、その根拠は言語学の仮説以外には何もないのである。言語の伝播

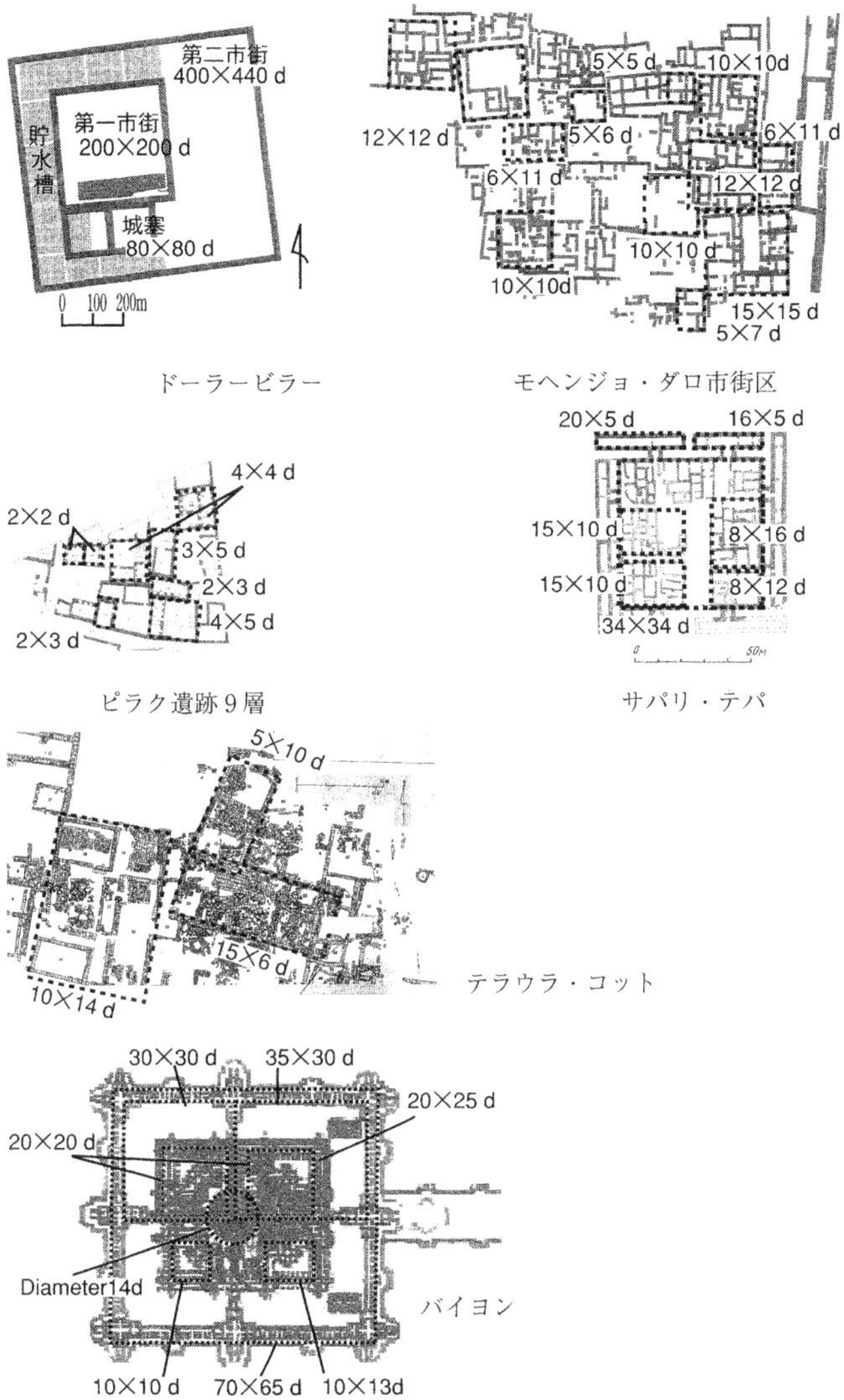

図9　インダスからバイヨンまでの都市建築規範
（d=danda を表す）

は人間集団の移動を前提にするものでは決してない。政治的、経済的なさまざまな要因が絡んでおり、単純な民族移動説は一九世紀の遺物に他ならない。

中央アジアの考古学

アンドロノヴォ文化

私は中央アジア考古学を専攻しており、この地域のみならず、南ロシアからカザフスタンに拡がるアンドロノヴォ文化については、他の研究者よりは多少の知識があるつもりである。その私が、南ロシアからの民族移動は想定できないと、すでに十数年前から声をからして叫んでいるのだが、誰も耳を傾けてはくれなかった。これも私の不徳の至りではあるが、今後、インド史の再構築に向けて、私はドン・キホーテのように突進するしかない。

中央アジアからインドにかけて、考古学的研究を見直さなければならないだろう。アーリヤ侵入論とは一線を画して、考古学独自の方法論によってゼロから出発すべきである。

それによって初めて、比較言語学と対等な仮説を打ち出すことができるのではなかろうか。中央アジアの草原地帯に広がる青銅器文化として、アンドロノヴォ文化が最も重要であり、その様相について、まず知る必要があろう。

インド・アーリヤの原境ではないかと主張されている文化には、ウラル山脈の南の草原地帯に広がるアンドロノヴォ文化と中央アジアの南の地域からヒンドゥークシュ山脈の北側に広がる平原地帯に広がるＢＭＡＣ文化がある。

アンドロノヴォ文化がインド・アーリヤの起源であるという議論が、最近、学界だけでなく、旅行業界をも巻き込んで（インド・アーリヤの原郷を訪ねるツアーがロシアでは盛んに宣伝されている）盛んになっている。ごく一部の専門家にしか知られなかったことが、こんなふうに一般化するとは驚きで、その一番の要因は、ロシアのプーチン大統領が遺跡を視察したことにあった。

中央ユーラシアの草原地帯（内蒙古から中部ヨーロッパまで、東西七五〇〇キロ、南北約五〇〇キロに及ぶ）は遊牧民文化が東西に広がった地域で、南の農耕牧畜文化とは異なった社会が形成されている。

風土にあわせて、羊、山羊、牛などの遊牧と小規模な耕作を組み合わせた生業が営まれ、家畜の数は数千を数えることも珍しくない。従って、馬による家畜管理が不可欠なものとなっている。馬の家畜化は南ロシアで、紀元前四〇〇〇年頃に始まったと考えられる。ウクライナのデレイフカ遺跡では、家畜化された馬の骨と銜《はみ》などの馬具が出土しているのである。

南ロシアからの影響を受け、中央アジアに遊牧を主要生業とするアンドロノヴォ文化が成立したのは紀元前三〇〇〇年紀末とされている。アンドロノヴォ文化は大きく三期に分けられ、前期をシンタシタ期、中期をアラクル期、後期フョドロヴォ期と呼ぶのが一般的である。これらの文化は次第に分布範囲を東に広げ、カザフスタンやアルタイ地方にも分布するようになる。その共通の性格は刻線で幾何学文を描いた深鉢形土器、いわゆるクルガン墓（古墳）の造営、青銅のナイフや斧、鎌、金や青銅の装身具の発達などである。

シンタシタ期の集落

前期のシンタシタ期の集落は円形に家屋が密集して建てられており、中央に広場を持っている。家は木の柱と練り土で作られ、日干しレンガも少量使われることもある。典型的なアルカイム遺跡を例に取れば、集落の径は一〇〇メートルほど、中央の円形広場を中心に六〇ほどの長方形の家屋が二重円圏をなすようにびっしりと並んでいる。壁を共有しており、まるでハチの巣のようである。各部屋の中心には炉があり、三部屋ほどに分かれている。部族一門が寄り添って住んでいたのであろう。人口は多く見積もっても二〇〇人程度であろう（図10・上）。

その後の時期の住居については、半地下式の竪穴住居がいくつか知られているが、多くはテント（草原地帯に今までも見られるユルトなど）になっていったのであろう。

世界最古の戦車

シンタシタ遺跡では集落の他に数多くの墓が発掘されている。低い土盛りを持った径二〇～二五メートル《メートル》ほどの古墳に、いくつもの地下墓が掘り込まれている。被葬者は屈葬で、土器や、青銅器、装身具などが副葬されている。

馬や戦車が副葬されている例もある。戦車は木製なので朽ち果てていたが、車輪のスポークの跡がはっきり確認された。これは世界最古のスポーク付き車輪を持った戦車なのである（図10・下）。馬は洗骨され、骨が行儀よく列べられた場合もあり、また、何頭もの馬が納められた墓も知られている。

このシンタシタ期の戦車が、やがて東に伝えられ、中国殷墟《いんきょ》の戦車の起原になったことは十分考えられることである。このことを明らかにするために、殷墟やシンタシタ、トルクメニスタンのゴヌール遺跡などから発見された馬の骨のDNAを調査し、馬の系統を明らかにする研究も始めようとしている。

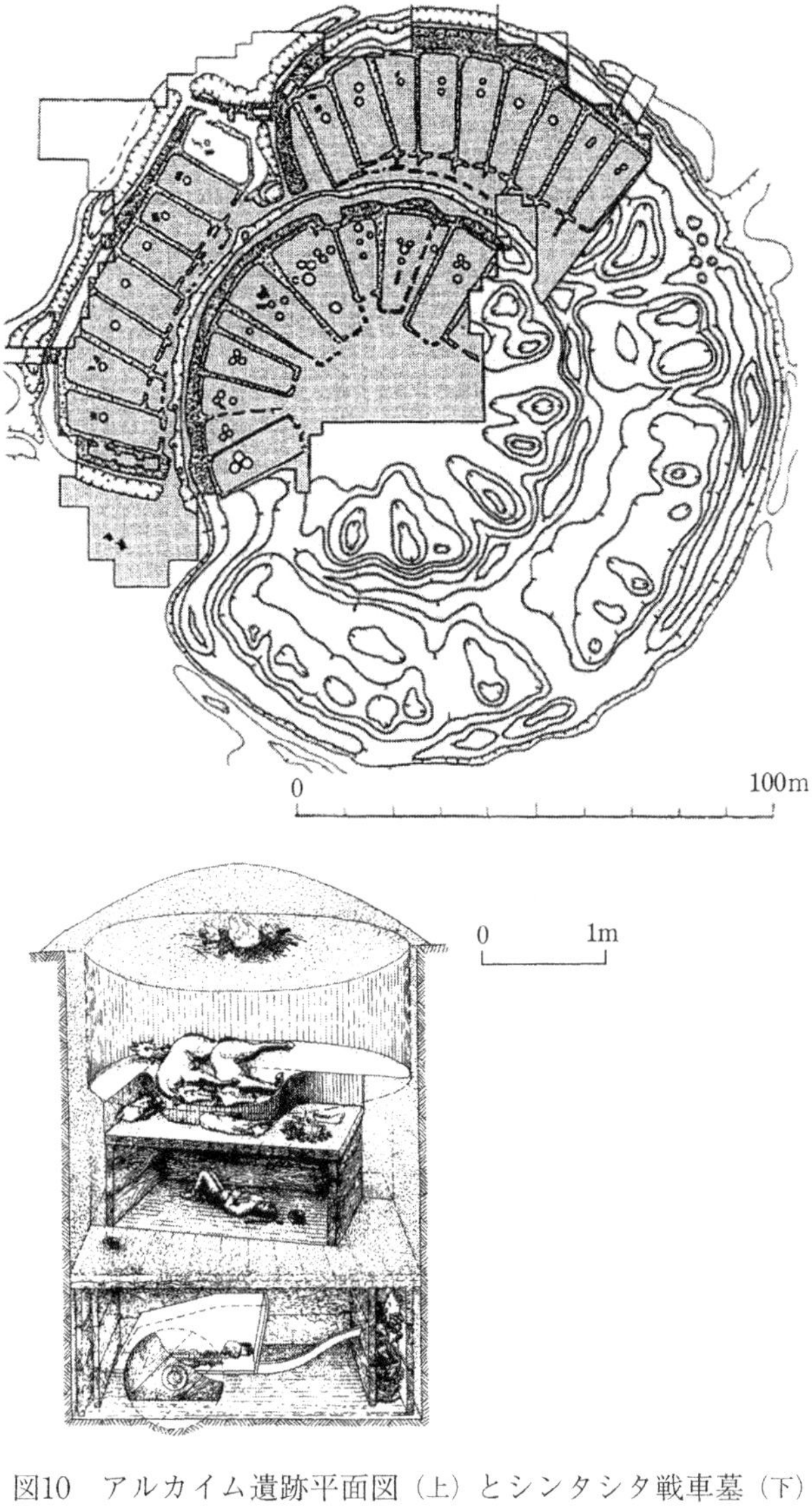

図10　アルカイム遺跡平面図（上）とシンタシタ戦車墓（下）

シンタシタ期の文化は、遊牧民文化であること、戦車を伴うこと、馬を特別に尊重する風習があること、そして地理的位置（南に下がればイランとインドへ通じている）などからインド・アーリヤ民族（論者によってはインド・イラン民族）の故地に違いないとされた。

インドの古代文化とは結びつかない

しかし、『リグ・ヴェーダ』の「天駆《あまが》ける戦車に乗るインドラ神」という記述は一般的な話であって、特別にシンタシタ期の文化と結びつける根拠は何もない。アンドロノヴォ文化は、その南に広がるＢＭＡＣ文化とは深い結びつきを有するが、インドとは直接つながる様相は見られないのである。

中央アジアの農耕文化

次に中央アジアの農耕文化について見てみよう。特に最近はＢＭＡＣ文化が議論の的になっている。「ＢＭＡＣ（Bactria-Margiana Archaeological Complex）文化」といっても何のことか判らない人も多いだろうが、トルクメニアからウズベキスタン南部、アフガニスタン北部に分布する後期青銅器時代の文化を指す専門用語である。この名称には時代を限定する言葉が入っていないので、古くから使われた「バクトリア後期青銅器文化」の方が遥かに適切なのであるが、多勢に無勢で、旗色はどんどん悪くなっている。この文化はトルクメニスタンの金石併用期から青銅器時代にかけてのナマズガ文化の最終段階（ナマズガ6期）であり、それがウズベキスタンやアフガニスタンの農耕地帯に広がっていった文化なのである。

考古学調査の始まり

中央アジアの考古学的研究が始められたのは二〇世紀になってからである。アメリカの地質学者R・ポンペリーは一九〇三～〇五年にかけて中央アジアの地理、地質、考古学の総合調査を行った。アシハバード近郊のアナウ遺跡を発掘した彼の個人的な結論は「ヨーロッパの文明、農耕、畜産などすべてはバビロンより遥か以前に中央アジアからもたらされた……」というものであった。彼に賛同する者はほとんどいなかったが、しかし、彼の業績はそれまで考えられなかった総合調査を実施した点にある。出土物の層位を記録し、植物遺存や動物の骨を発見するために篩《ふるい》を使ったが、このような現在では当たり前の方法が一般的になったのは第二次大戦後であると言ってよい。一九〇八年に報告書も出版されたが、それはあくまで予備報告で、大量の資料を抱えて研究していたが、一九一九年の火事でほとんど灰燼《かいじん》に帰してしまったのである。

彼が開拓した中央アジア先史考古学は受け継がれることなく終わったが、彼こそがこの地の青銅器文化の発見者なのである。

ソ連時代の調査

第二次世界大戦後になると、中央アジアの各共和国に科学アカデミーが設立され、それらを足掛かりに南トルクメニスタン考古学調査隊やタジク考古学調査隊が結成され、先史時代から青銅器時代、さらには歴史時代に至る総合的な考古学調査が行われるようになった。その調査の中でトルクメニスタンではB・M・マッソン等による新石器時代のジェイトゥン遺跡、青銅器文化の基準遺跡であるナマーズガ・デペ、都市文化の様相を最もよく示すアルティン・デペなどが調査されたのである。

一九六〇年代末になるとトルクメニスタン調査で成果を上げたロシアの考古学者V・サリアニディがソ連・アフガン合同調査団を結成、アフガニスタン北部、バクトリアの青銅器時代の遺跡を調査するようになった。七〇年代の後半から、これらの遺物が世界の古美術市場にも流出するようになり、各国の美術館や蒐集家が競って購入、それまでほとんど知られていなかった新しい美術としてバクトリア青銅器文化が注目されるようになったのである。ソ連軍撤退後はV・サリアニディの調査の主体はトルクメニスタンのメルヴを中心とした地域に注がれ、トゴロク・デペやゴヌール・デペで注目すべき成果を挙げている。また、ウズベキスタンではサマルカンド考古学研究所のA・アスカーロフによってサパリ・テパ、ジャルクタン遺跡が調査され、北バクトリアの青銅器文化の様相が明らかにされた。

中央アジア先史文化の流れ

中央アジアの先史文化といっても範囲は広いが、ここでは南の農耕文化を中心に概括し、特に青銅器時代に中心を置くことにしたい。

古代の人々の生活を支えたのは農業であり、西アジアを中心とした地域では大麦、小麦を栽培し、山羊、羊を飼う地中海農業が広がっている。この農業タイプは東地中海地域、今のイスラエル、レバノン、シリア一帯で発展してきたもので、やがて西はヨーロッパへ、東へはイラン、中央アジアへ広がっていったことはよく知られている。中央アジアに農業が伝わったのは今から七〇〇〇年程前のことで、地理的にも文化的にもイランを経由したことは明らかである。その最初の段階は先にふれたジェイトゥン遺跡である。この文化はイランとトルクメニスタンの国境に広がるコペト・ダク山脈の山麓と砂漠の際に分布する。冬に積もった雪が春になると溶けだし、伏流水となって砂漠の端で顔をのぞかせ、やがてワジとなって砂漠に消えていく。このような水を利用して農耕を営み、家畜を放牧するのである。

ナマズガ文化

イランから移住した農耕民は、ジェイツーン文化、アナウ1A文化期を経て、やがてナマズガ文化に成長する。中央アジアの風土に適応した文化の誕生である。

前三五〇〇年頃には人口も増え、テジェン・オアシスのみならず遠く離れたタジキスタンのサラズムにまで進出し、人々は町邑を築き、農耕、交易にいそしむようになる。

交易都市

メソポタミアでは紀元前五〇〇〇年には都市が生まれ、やがて国家に成長していくが、可耕地の小さなイランやトルクメニスタンでは、このような動きは遅れ、都市が生まれるにも別の要因が必要であった。それは交易である。資源のほとんどないメソポタミアに対し、イランや中央アジアは貴石や鉱物、木材資源に富んでいた。例えば銅鉱石について言えば、イランでは前四五〇〇年頃には鉱石を精錬し、銅の斧や鑿《のみ》などの工具を鋳造で作っていた。そのころのメソポタミアには銅の工具などはまだ現れていなかったのである。その豊富な資源を大きな人口を抱えたメソポタミアに輸出するシステムが築かれ、そのネットワーク上に交易拠点都市が成長していった。

メソポタミアの中心はウルクであり、それとの交易を支える拠点となったのはイランのテペ・シアルク、テペ・ヒッサール、シャハダード、シャフリ・ソフタ、トルクメニスタンのアルティン・デペであった。中央アジアではトルクメニスタン、ウズベキスタン、アフガニスタン、パキスタンの一部を通じるラピスラズリや金、銀を中心とした交易網が築かれたらしく、スタンプ印章や土器に共通の性格が認められるようになる。

この交易拠点都市の典型的な姿はアルティン・デペで見ることができよう。径六〇〇メートルに達する巨大な遺跡には家屋が密集し、細い路地が縦横に連なっている（図11）。城門を備え、商業地区、製陶地区、冶金地区、攻玉地区、神殿地区などに別れ、かなり複雑な社会構造も生まれていたらしい。その姿はメソポタミアの都市と全く同様である。

メソポタミア的な都市は、中央アジアのような地域ではちょっとした環境の変化（水資源や燃料資源の減少など）や経済的な変動（例えば交易の停滞）にも耐えることはできない。このようなデメリットが拡大するにつれ、それまで栄えていた南トルクメニアの文化は停滞し、東のメルヴ地方が発展の中心となっていった。

メルヴというのはギリシア語ではマルギアナ、古代ペルシア語ではマルグと呼ばれた地域で、元々はゾロアスター教の聖典『アヴェスタ』の第三書「ヴェンディダード」に伝えられた名称マウルに由来する。

アフラマズダによる国産みの神話で、最初に作った国がアリヤーナ、二番目がソグダ（ソグディアナ、現在のサマルカンド周辺）、そして三番目がマウル（現在のメルヴ）であったという。この地域はヒンドゥクシュ山脈から流れ出るムルガブ川（ムルグの水の意）のワジ扇状地で、水に恵まれた土地であり、「ヴェンディダード」では「神聖な（holy）」と

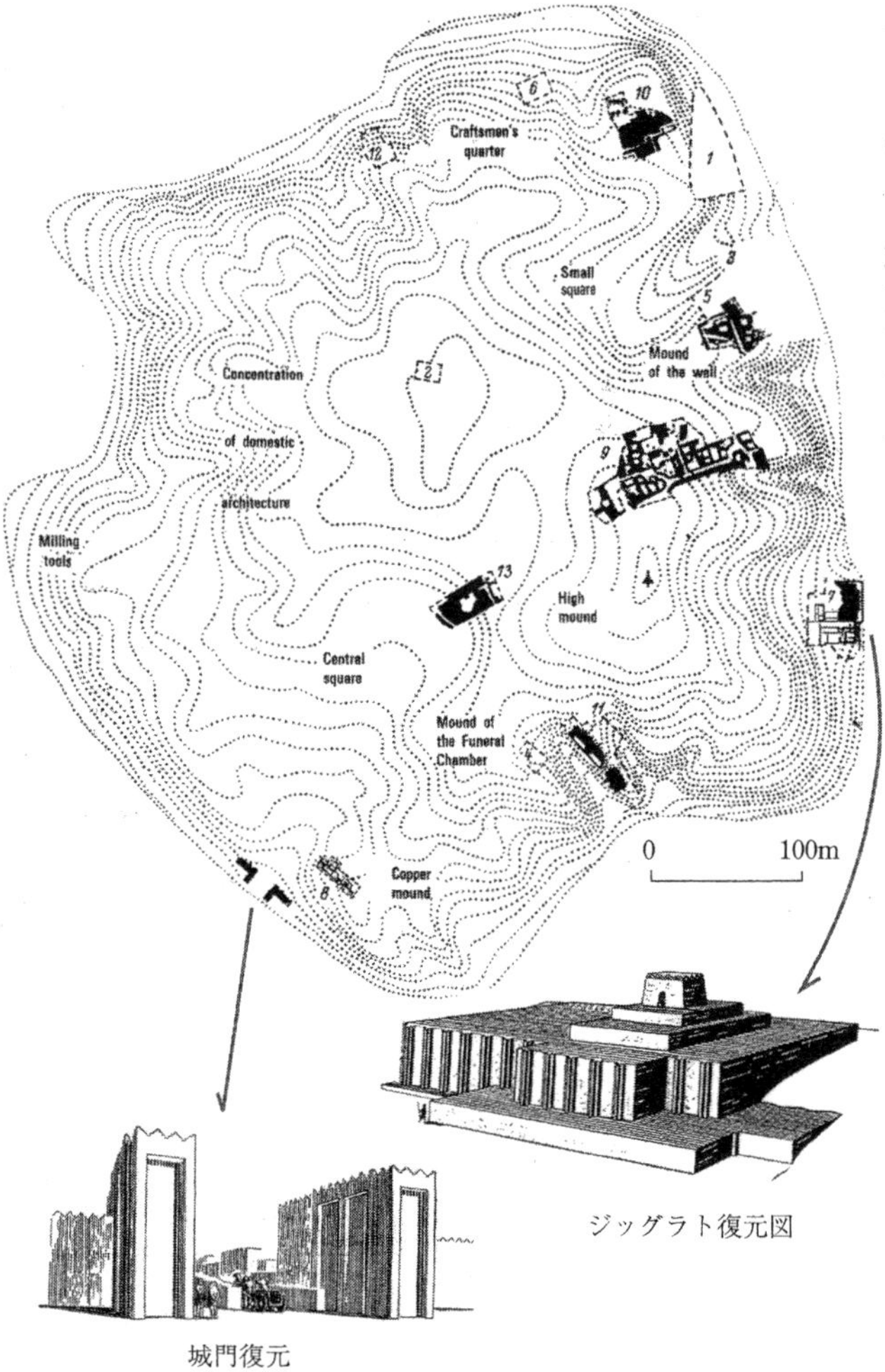

図11　アルティン・デペ平面図

形容されている。

BMAC文化の成立

ワジは何本もの支流となって砂漠の中に消えてゆくが、それに沿って小さな集落が散在している。都市を中心に小さな集落が取り巻くメソポタミア的なあり方とは全く異なっているのである。時代を異にする集落群が平面的に移動しているのは、ワジの流路が変化したためである。このような集落群が一つの政治・経済的ユニットを形成していたらしい。その代表がトゴロク二一号遺跡やゴヌール遺跡である。各建築遺構は一〇〇㍍四方ぐらいの大きさで、それぞれが厳重に防御壁を備えている。

このような建築はウズベキスタンのサパリ・テパやジャルクタン遺跡、アフガニスタンのダシリ遺跡など広い範囲に分布し、文化遺物も共通しており、前述のとおりBMAC文化と最近では呼ばれている。この文化の東方への分布はパキスタンのクエッタ地方にも及んでおり、メヘルガルⅧ期に位置づけられている。また、西方ではイランのヒッサールⅢ期が極めて類似した様相を示している。紀元前三〇〇〇年紀末から前二〇〇〇年期前半にかけて、非常に広い範囲で文化的統合が行われたことを示している。

マルギアナ地方

マルギアナ地方の様相を少し詳しく見ていこう。ナマズガ5期の遺構はゴヌール遺跡の下層などにも認められるが、ムルガプ・デルタの最先端、すなわち最北部に位置するケレーリ・オアシスに多くの遺跡が集中している。時代が新しくなるにつれ、遺跡は南の方に分布を移していく傾向があり、これはムルガプ川の水量が次第に減少し、デルタが南に形成されるようになっていった結果と考えられる。概観調査が主であるが、ケレーリ1遺跡では小範囲の発掘が行われ、バトレスを持つ厚い壁の建築物が明らかにされている（Masimov 1979）。方形の周壁に囲まれた家屋であり、BMAC文化の特質がすでにこの段階で出現していることが注目される。

最近ではこの段階をBMAC文化の初期と捉えることが一般化し、1期から3期までに分類されている（Hiebert 1994）。それによれば、1期はナマズガ5期後期＝前二〇〇〇年頃に位置し、ムルガブ・デルタに分布する。2期はサリアニディによってゴヌール期と呼ばれていた時期（Sarianidi 1981）に相当し、前一九〇〇〜一七〇〇年頃とされ、遺構・遺物の両面で最も発達を見せており、最も繁栄した時代にあたる。

ゴヌール遺跡

マルギアナの中心的な遺跡ゴヌールでは王宮と神殿が発掘されており、広大な共同墓地も営まれていた（図12）。特に注目すべきは、王宮の東

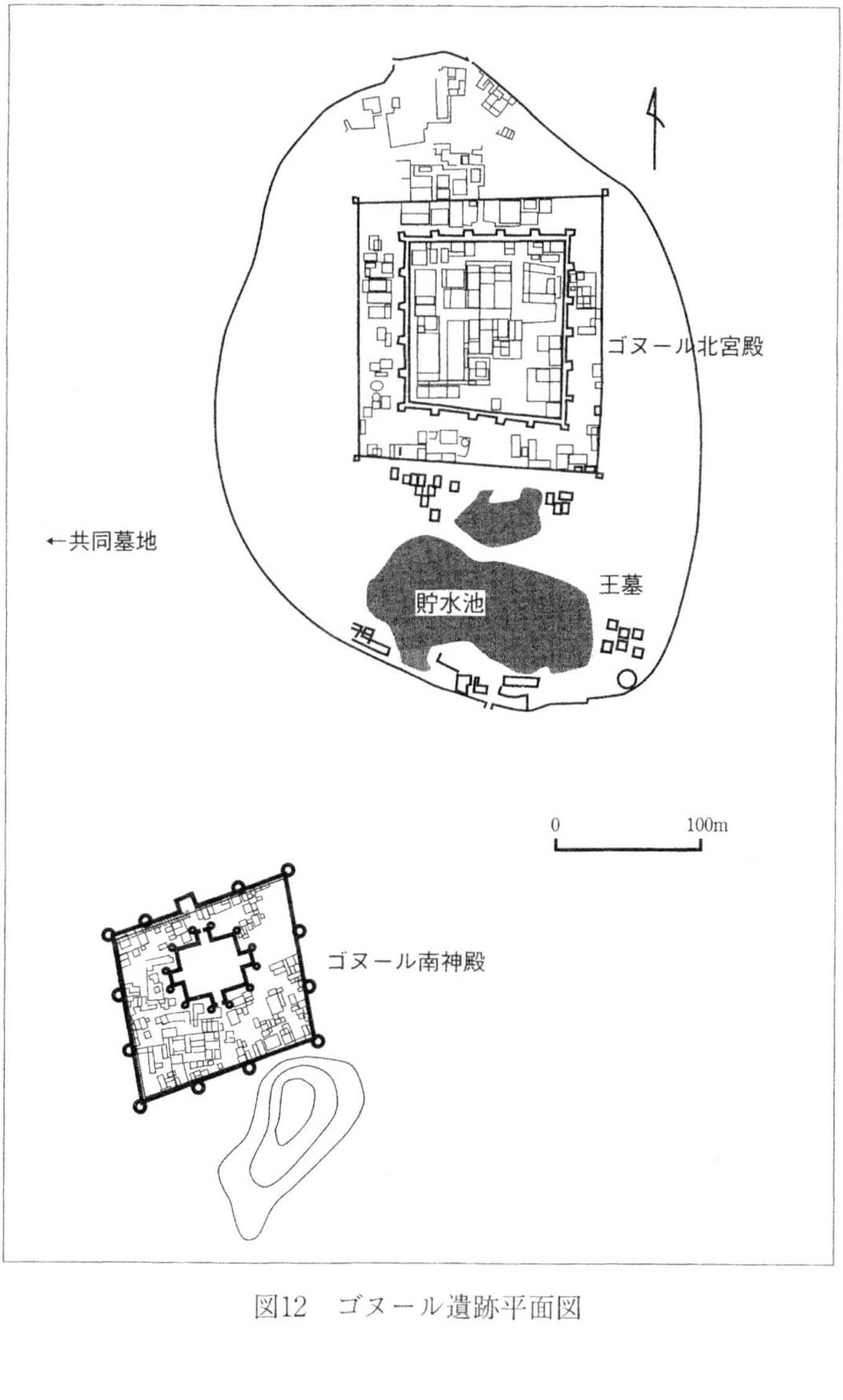

図12　ゴヌール遺跡平面図

南部で発見された王墓群である。明らかに一般の墓とは構造を異にし、レンガで作られた地下式の複室家屋墓と呼べるものである。墓には金、銀、青銅、貴石の装飾品や装身具、モザイクの床、ラクダが牽く四輪車などが副葬されていた。

北バクトリアのサパリ期、ジャルクタン期が、南バクトリアでは、ダシリ・オアシスの遺跡がこの時期にあたり、ＢＭＡＣ文化が東方に拡がっていったことが認められる。3期はかつてトゴロク期と呼ばれた時期に相当する。前一七〇〇〜一五〇〇年頃とされ、タヒルバイ期とも称せられている。遺跡の規模が縮小しており、衰退期にあたる。北バクトリアではクザリ期、モラーリ期、ブスタン期がこの時期に相当する。南バクトリアでは、この時期の遺跡は分布調査で数多く発見されてはいるが、発掘調査はほとんどされていない。

2期にはイランやバルチスタンなど中央アジア以外の地域にＢＭＡＣ文化が拡がっており、クエッタの墓の場合などは明らかに人の移動があったことをうかがわせる（Jarrige & Hassan 1989）。しかし、それは大規模な民族移動の波ではなく、活発な交易関係を示すものと考えられる。

BMAC文化の担い手はアーリヤ人か？

BMAC文化がインド・アーリヤの所産であり、アナトリア方面からイランを通って中央アジアに拡がったというのがサリアニディの論点であるが、その論拠は多岐にわたり、状況証拠の積み重ねといえよう（Sarianidi 1998）。印章や護符などのデザインにアナトリア的な要素が認められるというが、それは鷲や雄牛の曲乗りのモチーフの一部にすぎない。図像の大部分を占める女神とライオン、猿、鷲と蛇、動物闘争文、駱駝《らくだ》文、幾何学文など、西アジア全体との共通性、ナマズガ5期の伝統、さらにBMAC文化に特有なものが混交しており、西方からの人々の移住を前提としなければ解釈できないとはとうてい考えられない。

ウマの発見

BMAC文化が北方のアンドロノヴォ馬匹《ばひつ》文化と接触していたことは事実である。ジャルクタンの神殿址の城壁に付随する円形張出し部から骨製の鏡板が一点発見されている。またタジキスタンのザーダチャ・カリファの墓からは同種の骨製鏡板三点と共に、青銅のハミ、ウマ科の動物像をあしらった化粧用ピンがジャルクタン・タイプの土器と共に副葬されていた（Bobomulloev 1997）。後者の墓は、副葬された男根形石棒（Boroffka & Sava 1998）や装身具などにアンドロノヴォ文化の特徴がよく示されて

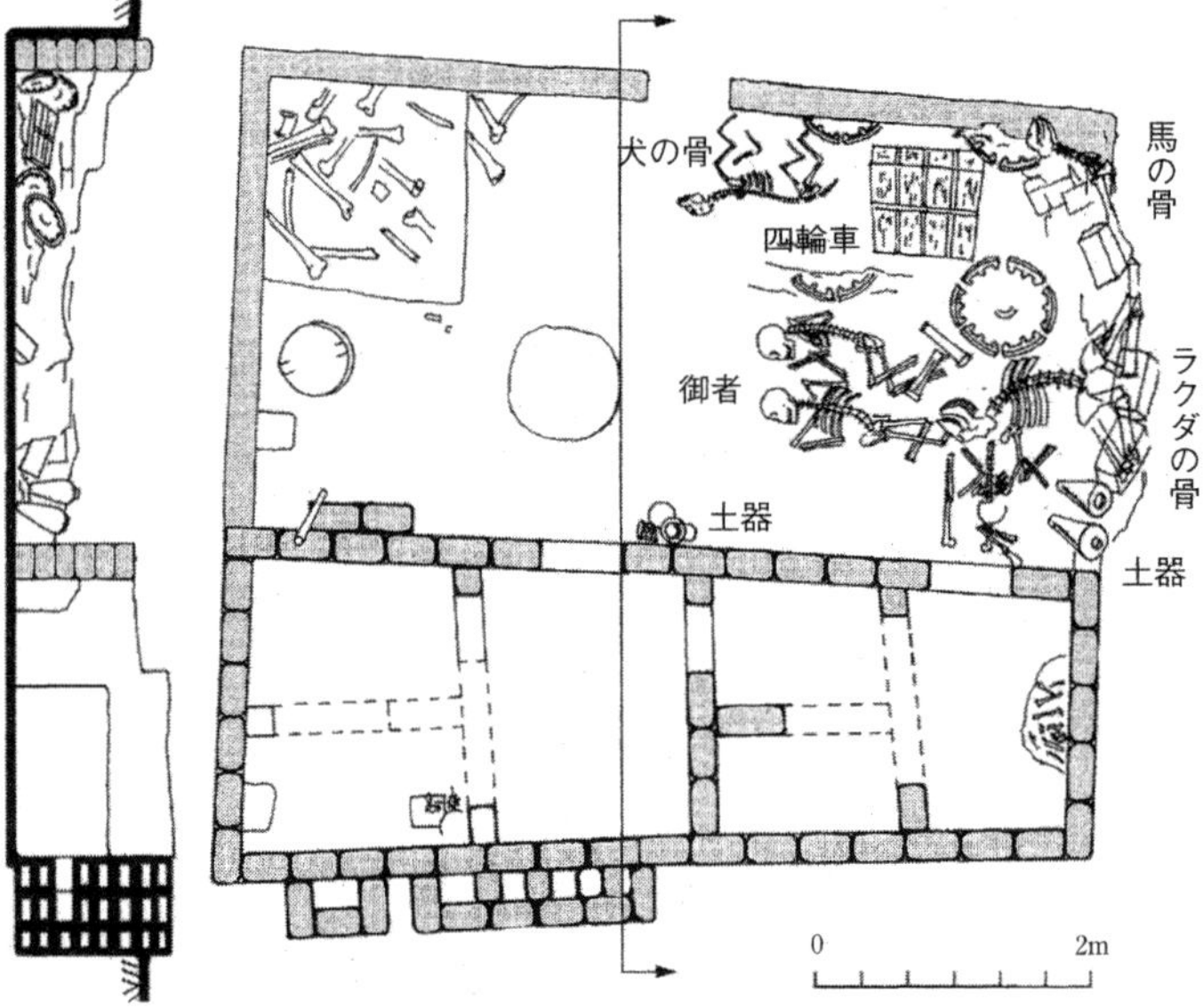

図13　馬を副葬したゴヌール王墓

おり、ジャルクタン・タイプの土器は移入品と考えられる。

　これらの骨製鏡板はウラル地方を中心にしたアンドロノヴォ系文化に伴うもの（Teufer 1999）で、例えばシンタシタ遺跡の例が代表的である（Gening 1977）。しかし、ＢＭＡＣ文化全体の中では、これらは極めて例外的なもので、家畜構成の中にも真正ウマは認められない（Askarov 1977, 119ではウシ二八・五％、ヤギ・ヒツジ六三％、ロバ三・三％、ブタ三・三％、ラクダ〇・四％）。

　しかし、最近になって、サリア

ニディが夢にまで見たに違いない、ウマの骨がＢＭＡＣ文化の中で発見されるに至った（図13）。ゴヌール遺跡の王墓と推定される大規模な遺構から二〇〇六年一〇月の段階で、博士の言によれば六頭のウマが副葬されているのが発見され、その数は今後の調査によってさらに増えていくだろうとのことである。これは歴史的発見であり、王墓の発見とともに、中央アジアの歴史観を一変させるものなのである。

ソーマ酒

ゾロアスター教や『リグ・ヴェーダ』の中では儀礼の中心にハオマ酒（ヴェーダではソーマ酒）が重要な役割を果たしている。ソーマを飲むことによって、インドラ神は凄まじい力を発揮できるとされている。

サリアニディはＢＭＡＣ文化の中でソーマ酒の原型を発見し、これもインド・アーリヤに結びつける大きな根拠としている。漆喰《しっくい》で塗り込められた部屋がトゴロク21号遺跡の神殿址にあり、漆喰や土器から植物断片が大量に検出された。それを分析した結果、アルカロイド物質を含むエフェドラやポピーであることが明らかにされたのである（Meier-Melikyan 1990）。

このような漆喰塗りの部屋はゴヌール遺跡の神殿址、トゴロク1号遺跡の神殿址にもあり、そこからは注口土器や水甕《みずがめ》、甑《こしき》土器、排水施設などが発見されている。何らかの液体を処理をした部屋であり、ソーマ酒の原型に相当するものであったと推定するのである(Sarianidi 1998)。

ソーマ酒（イラン語ではハオマ酒）はエフェドラの実とポピーの樹液、その他の香辛料に牛乳を加え、幾晩か寝かせて発酵させたものとされている。エフェドラは麻黄《まおう》のことで、血圧上昇の薬効のあるエフェドリンが含まれている。咽《のど》の薬として現地では煎じ薬にされており、コペトダク山脈で採れたものがバザールで売られている。

ソーマ酒の原型がマルギアナのＢＭＡＣ文化に認められたことは重要な意味を持つ。このような施設はバクトリアでは全く確認されていない。従って、当時、ソーマ酒が作られていたのは、マルギアナの限られた地域だったこと、それが後代に中央アジア一帯に広がっていったことをうかがわせる。

北バクトリアのジャルクタンの神殿址では、ワイナリーと考えられる設備が認められる(Askarov & Shirinov 1994)。この神殿址には中庭に四本の柱に囲まれた火の祭壇と思われる施設があり、発掘者はゾロアスター教の要素がこの時期に出現したのではないかと考えている（同上書）。

ゾロアスター教のさまざまな要素が、マルギアナやバクトリア地方に見られることは、注目に値する。先に触れたソーマ酒もその一つであるが、拝火壇や鳥葬を含む再葬などもあげられよう。

火の信仰

中央アジアの文化では拝火教は極めて重要な要素である。後世にはゾロアスター教として再編され、アケメネス朝ペルシアやサーサーン朝ペルシアの国教ともなり、また、中央アジアではソグド人の宗教として発展した。

拝火教は現在ではイラン東部からインドにかけて小さなコミュニティーの中で細々と維持されているのみである。しかし、聖火の維持は、彼らの信仰の中心にある。

火の信仰はトルクメニスタンのナマズガ文化では極めて古くから見られる現象である。それは家屋内の大きな部屋に設《しつら》えられた円形の炉で、周囲には石製容器やオーカーを潰《つぶ》した石臼などが置かれている。実用的な炉ではなく、何らかの宗教的意味が含まれていると推定されている。ゲオクシュル1遺跡、チョング・デペ、さらにはタジキスタンのサラズム遺跡など前四〇〇〇年から三〇〇〇年頃の遺跡から数多くの例が発見されている。また前二五〇〇年頃のアルティン・デペでは宗教コンプレックスのなかに方形の炉が発見されている。

前二〇〇〇年頃のBMAC文化では、竈《かまど》が部屋の壁に作り付けられているが、火を燃やすところとオーヴンが横にならんで別々に作られている。これはゾロアスター教的な観念で、神聖な火が肉などで汚染されるのを防ぐためであったと考えられる。

この頃になると、神殿の中に拝火壇が築かれる例も出てくる。ウズベキスタンのジャルクタン遺跡の神殿では、中庭の中央に四本の柱に囲まれた拝火壇が発見されている。また、アルティン・デペのジッグラト聖塔と呼ばれる基壇の上には、拝火神殿が建っていたのではないかとする説もある。

このような特殊な炉、竈、拝火壇などはナマズガ文化やBMAC文化に特有なもので、他の地域には見られない。

再葬の風習

イランでは鳥葬が禁止されたため、特別な墓地にイスラームと同じく土葬で死者を埋葬している。一方、インドのゾロアスター教徒の間では、古来の風習を守って鳥葬が行われている。しかし、近年は猛禽類が減少し、普通は一～二日で終わる遺体の処理に時間がかかり、社会問題になっている。臭い消しのためにオゾンを出す機械を沈黙の塔の上に配置することが、最近許されたという。

鳥葬はBMAC文化の中に見ることができる。ゴヌール遺跡から出土したスタンプ印章に横たわった人物の上に猛禽らしい鳥が乗っている。嘴《くちばし》は体の方に向けられ、如何《いか》にも啄《ついば》んでいるように見える（図14）。

実際の墓地では、遺体がそのまま横たえられており、再葬は社会全体に定着はしていない。ゴヌール遺跡の王墓では、車夫《しゃふ》らしき人物は墓に殉葬されているが、肝心の王の遺体は伴っていない。王は特別な葬法、つまり鳥葬で葬られた可能性も否定できないのである。

さらに遡り、前四〇〇〇年紀のナマズガ文化では、再葬はかなり一般的である。鳥葬とは言えないが、乾燥地でもあり風葬が行われていた可能性は高い。

図14　鳥葬を描いたスタンプ印章（ゴヌール出土，紀元前2000年頃）

悪の化身アジ・ダハーカ

ゾロアスター教では善なる神アフラ・マズダと悪神アンラ・マンユの戦いがこの世を支配しているとされる。悪神が生み出した最強の邪悪なものがアジ・ダハーカである。悪の光輪（ドシュ・フワルナ）とも呼ばれ、三頭、六眼の竜とされる。人間の姿では一〇〇〇種の魔術を操り、肩から火を出し、蛇の頭を生やしているとも伝えられる。このような悪神の姿はＢＭＡＣ文化のスタンプ印章にも描かれ

図15　悪神のスタンプ印章
（ゴヌール遺跡出土，紀元前2000年頃）

ており（図15）、古い伝統の中で伝えられてきたことをうかがわせる。

双瘤駱駝《ふたこぶらくだ》（バクトリアン・キャメル）もゾロアスター教の中で重要な役割を果たしている。ゾロアスターという名前自身が「老いぼれ駱駝の持ち主」という意味とされている。双瘤駱駝はＢＭＡＣ文化の中では車を牽く役獣であり、また銀器や装飾品などに枚挙にいとまがないほど表現されている。このように見てくると、ゾロアスター教のさまざまな要素が、中央アジアの先史文化の中に数多く見られることは明らかである。中央アジア土着のさまざまな宗教を統一し整理したのがゾロアスターだったに違いない。

初期鉄器時代の中央アジア

アナウの発掘では青銅器時代のロクロ製の土器に対して、鉄器時代（Ⅳ期）への移行期には手製の彩文土器が使われており、また、明確な建築遺構が発見されなかったことから、遊牧民による一時的な居住があったと想定された。

しかし、ヤズデペの調査で、ヤズ1期にはアナウⅣ期と同じタイプの彩文土器を伴うが、高さ八メートル、広さ一〇〇×一二〇メートル以上のレンガ基壇があり、その上に建物が建てられていたことが明らかにされた（Masson 1959）。

従って、アナウ遺跡での状況は局地的な現象であり、初期鉄器時代初頭のアナウⅣ＝ヤズ1期文化は、新たな遊牧民の出現を示すものではないことが明らかにされたのである。

基壇建築

基壇はＢＭＡＣ文化のジャルクタン遺跡で発見されている。報告者が宮殿と呼んでいる建物で、四二メートル四方の城壁に囲まれた中心に一二・八×一三・八メートル、高さ六〇センチの基壇が遺されていた（Askarov & Shirinov 1994）。レンガではなく練土を積み上げたものであるが、上に何が乗っていたかは不明である。

鉄器時代にはいると、レンガ積み基壇は普遍的に見られるようになり、ウズベキスタン南部のクチュクテパ（Askarov & Al'baumm 1979）やアフガニスタンのティリャテペ（Sarianidi 1989）、コペトダーク山麓のエルケンデペ（Kohl 1984）でも発見され、いずれもヤズ1期的な手製彩文土器を伴っている。

コペトダーク山麓のウルグデペは、これまで紹介した初期鉄器時代の館遺構とは全く違う、大規模な都市遺跡である（図16）。Ⅵ層にはナマズガⅥ期土器、Ⅴ層ではナマズガⅥ

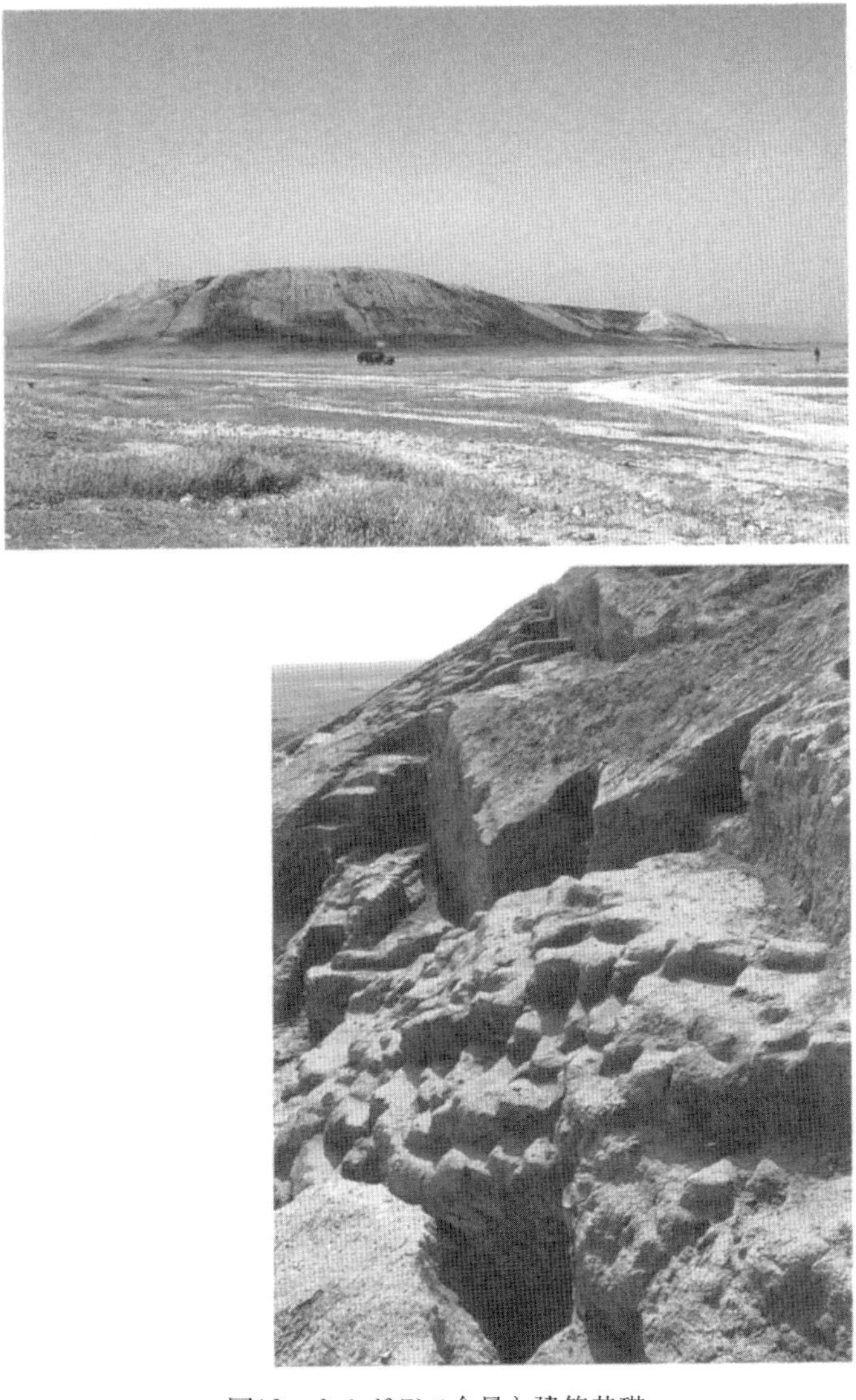

図16　ウルグデペ全景と建築基礎

期土器にヤズ1期土器が伴った。Ⅳ―Ⅱ層ではヤズ1期土器を主体にナマズガⅥ期土器が少量伴い、Ⅰ層はヤズ2期の特徴を持つことが明らかにされた（Sarianidi 1971）。また、ナマズガデペ出土の土器を博士論文で詳細に分析したフローピナは、その要約を発表し、ナマズガⅤ期―Ⅵ期―ヤズ1期―ヤズ2期の土器の変化は漸次的なものであり、大きな断絶は認められないことを明らかにしたのである（Hlopina 1972, 1981）。

最近はフランスの考古学者フランクフォールが発掘調査を行っており、上層からは城壁に守られた城砦址《じょうさいし》が発見されている。

彩文土器の流行

ヤズ1期的な彩文土器はマルギアナ、バクトリア以北の地域でも出現している。フェルガナのチュースト文化（Zadne provskii 1962）、タシケント近郊のブルグリューク文化（Duke 1982）、サマルカンド近郊のコクテパ（Isanuggunov & Rapen 1999）などである。また土器だけでなく、石鎌（チュースト文化、コクテパ、クチュクテパに伴う）、あるいは銅製ナイフ（チュースト文化、ブルグリューク文化、クチュクテパ、ティリヤテペも伴う）などに見られるように、南北の共通性が見られるのである。

しかし、これらウズベキスタン中部、北部の初期鉄器時代文化は日干しレンガによる建築を伴わず、竪穴住居、あるいは簡単な小屋掛けを特徴としている。これらの文化の前段階は明らかではないが、ザラフシャン川下流域に分布する青銅器時代後期のザマンババ文化でも竪穴住居が営まれている（Gulyamov, Islamov & Askarov 1966）。

後期青銅器時代から初期鉄器時代への移行は、それぞれの地域における適応と考えるべきであろう。バクトリア方面では印章の欠落が象徴するように、それまでの遠距離交易が不活発になり、西トルキスタン内部での小規模な交易関係が維持されるにすぎなくなっていたのであろう。

ロクロ製の土器が作られなくなったのは、遺跡の規模も小さくなり、大量生産を行う体制が不要になったためと考えられる。馬が重要な家畜として導入されたのもこの頃からである。基本的には青銅器時代と共通し、ウマが加わっただけと言える。ブタが以前と同じく相当な割合を示し、定住的な社会だったことを物語っている。

インド・アーリヤの問題

マルギアナやバクトリアにおける後期青銅器文化、それに引き続く初期鉄器時代の文化を概観してきたが、それはコペトダーク山麓地帯の農耕牧畜文化の系統を引く文化の適応と発展の流れを追うことでもあった。

アンドロノヴォ文化の遊牧民が後期青銅器時代にマルギアナや北バクトリアに出現していることは、これらの地域に刻文土器が分布することでも明らかであるが、その量は極めて限られており、通常の交易に伴う接触以上のものではない。例えばゴヌール遺跡の南方一キロ程の地点にアンドロノヴォ系の土器の集積が発見されている（Hiebert 1994）。それは二〇×三〇メートル程の範囲に五〇点程度の土器片が散布する状態であり、その中にはＢＭＡＣ文化のロクロ製土器も含まれていた。このような状況が一般的であり、定住社会の集落のそばで短期間のキャンプを営んでいた様相がうかがわれる。

北バクトリアではジャルクタン遺跡などに見られるように、ウマに関して、より密接な遊牧民との接触があったことが想定される。そして、初期鉄器時代になると本格的にウマが導入されるようになり、ピラク遺跡など北インドにおけるウマ出現につながっていったと考えられよう。

青銅器時代後期から初期鉄器時代の中央アジアには、他地域から侵入して在地の文化を圧倒した集団、あるいは文化は認められないであろう。青銅器時代前期、中期、あるいは金石併用期に遡っても、この状況は変わらない。インド・アーリヤ語族、あるいはインド・イラン語族の大規模な民族移動があったという仮説は、考古学的には支持するに足る証拠は全くない。しかし、歴史時代初頭のイランから北インドの住民がイラン系とインド系の人々だったことは間違いない。とすれば、人々の移動は青銅器時代や金石併用期時代以前、すなわち新石器時代に求めざるを得ないのである。

分銅から見た中央アジアとインド

最古の測定システム・分銅

トルクメニスタンからバクトリアにかけて分布する石製、鉛製の分銅は、世界最古の天秤による質量測定システムであり、インダスにおける秤《ひょう》量《りょう》システムの起源となった。両者が交易を通じて深い交渉を重ねていたことを示している。

重さの計量は商取引の基本で、長さ、時間などとともに重さ（正確には質量であるが、ここでは煩わしいので「重さ」という言葉で表す）を正確に計ろうと試みてきた。始まりは天秤で、棒の中心を吊り、両端に二つのものを吊して釣り合いのとれた場合に同じ重さとみなすのである。

分銅は天秤を使って重さを計測するときに使う錘《おもり》で、一セットの分銅があれば、すべての重さが計れるように作られている。現在の標準的な分銅は一、二、五、一〇の単位で作られている。このセットがあれば、単位をグラムとすれば、一グラムから一八グラムまで、すべての整数倍の重さが測定できる。分銅の数が少なければ少ないほど洗練されたシステムとなる。このほかにもさまざまなシステムが可能で、古代においては二のn乗のシステム、つまり一、二、四、八、一六……が一般的に使われていた。

メソポタミアとエジプトの分銅

古代文明ではそれぞれ独自の分銅が用いられた。メソポタミアでは、シュメール人の打ち立てた初期王朝時代（前二九〇〇～二三三四年）に分銅が出現し、アッカド王朝を経てウル第三王朝時代（前二一一二～二〇〇四年）には極めて精巧で正確な分銅が作られている。分銅は経済活動の基本であるから、その正確さは王朝の権限が確立していたことを示している。

メソポタミアでは六〇進法と一〇進法が組み合わされ、基準となるのはシェケル（一シェケル＝八グラム強）で、その六〇倍がマナ（一マナ＝五〇〇グラム弱）、そのまた六〇倍がビルトゥ（一ビルトゥ＝三〇キログラム弱）とされていた。分銅は石や青銅で作られ、円柱状のものやライオン、アヒル、カエルなど、動物をかたどったものも数多く知られている。

このシステムはバビロニアに引き継がれ、さらにギリシアにも伝わり、古代世界の標準的な計量システムとなった。ギリシアでは一タラント＝六〇ミナ、一ミナ＝一〇〇ドラクマ、一ドラクマ＝六オボルとされ、時代によって異なるが一ドラクマは四・三〜四・六グラムとされた。

インダスの分銅

インダス文明は他の古代文明と様相が異なる。インダス文明は紀元前二六〇〇年から前一九〇〇年にかけて、およそ七〇〇年にわたって続き、主に農業と交易によって栄えた。他の古代文明地域では、都市文明が成立すると、やがて間をおかずに国家が形成された。それに対しインダスでは、計画に基づいた整然とした都市が建設されたが、王宮や大規模な神殿は全く見られず、圧倒的な権力者がいなかったのではないかと考えられている。

インダスでも分銅は古くから発達していた。最も古い分銅はモヘンジョ・ダロ遺跡の下層（コート・ディジー期、前二八〇〇〜二六〇〇年頃）から最近発掘されたもので、重さが一・一三グラムの石灰岩製の小さな立方体のものであるという。

最近、私の勤務する古代オリエント博物館でも一八個の石製分銅を入手した。その結果、材質はチャートで、質量は一・八〇グラムから一四四・〇グラムまでの範囲にあり、一・八〇グラムを基準にすると、一、二、四、八、一六、二〇、三二、八〇倍に相当する。

一般的には、インダスの分銅システムは一〇進法に基づく極めて単純明快なもので、二のn乗システムで、一、二、四、八、一六、三二、六四……一万二八〇〇倍までの分銅が発見されていると記述されている。

ここで一つの疑問が生じる。二のn乗数列には二〇や八〇は含まれていない。六四倍と八〇倍という極めて数値の近い分銅が存在するのはなぜだろうか。この点は、今回の分析のカギを握る問題であり、また改めて説明することにしよう。

中央アジアの分銅

イランとアフガニスタンの北に位置するトルクメニスタンで初めて本格的な考古学調査が行われたのは一九〇三年のことだった。アメリカの地質学者ポンペリーは中央アジア文明の起源を探るべく、地理学、地質学、考古学の専門家を擁した総合調査団を組織した。アシガバード近郊のアナウ遺跡を発掘した彼の結論は、「ヨーロッパの文明、農耕、畜産などのすべては、バビロン（注：メソポタミア?）よりはるか以前に中央アジアからもたらされた……」というものだった。

メソポタミアより辺境の地である中央アジアに起源を求めるという考えは突飛な説ととらえられ、当時は彼に賛同する者はほとんどいなかった。しかし、彼は歴史の真実の一端を明らかにしたのかも知れない。彼の説を（一部ではあるが）支持するのが、今回述べる分銅なのである。

アナウ遺跡の発掘でも、その後の先史時代遺跡の発掘でも、取っ手の付いた奇妙な石製品が発見された。これらの用途は不明であり、いつしか「分銅まがい」（pseudo-weight）と学界で呼ばれるようになった。大きさも重さもまちまちで、何らかの数列に基づいて作られている可能性もあり得るということで、分銅かもしれないと考えられたのである。

アレクシンの研究

一九七三年にソ連のV・A・アレクシンという考古学者がいくつかの資料を測定し、「南トルクメニアの古代農耕遺跡から出土する石製分銅について」という論文を発表した。これを読んだ私は、しかし、彼の結論には首を傾げざるを得なかった。彼は、分銅が五〇〇㌘毎に作られ、その五〇〇㌘というのは古代メソポタミアの重量単位マナに対応すると考えたのである。

しかし、分銅が五〇〇㌘毎に作られたとしたら、天秤でどのように重さを量ったのか、想像もできない。五二〇㌘はどのように計るのであろうか？　明らかに、彼は間違った想定をしていると感じた。幸いにも、ちょうどその頃、中央アジアの青銅器時代の遺物が、日本や欧米の博物館にも収蔵されるようになった。

分銅の質量調査

二〇年前に私は五点ばかりの「分銅まがい」とされた資料を測定し、「中央アジアの分銅はインダス文明の分銅システムと一致する。しかもインダスより二〇〇〇年も古く、インダスやイランの分銅システムの祖先にあたる」と発表した。今回、新たな資料を入手し、さらに考察を重ねた結果を紹介する。

最近、古代オリエント博物館が入手した中央アジアの分銅を紹介しよう。これは幅四五センチ、厚み一〇センチほどの大きさで、しっかりとした取っ手が加工されている。表面にはネコ科の獣を追う犬の図像が浮彫にされている。この形式の分銅は前三五〇〇年から前二五〇〇年頃にトルクメニスタンからタジキスタンにかけて分布するものである（図17、No.20）。

中央アジアの分銅のうち、現在まで報告されている最も古い例は、トルクメニスタンのダシリ・デペから出土したもので、前五〇〇〇〜四五〇〇年頃に位置づけられる。同じトルクメニスタンのアナウ遺跡北丘から出土した例は前四〇〇〇〜三五〇〇年頃のものである。重さはアレクシンによれば一三・五九キログラムで、インダス基準値の一万六〇〇〇倍に相当する。トルクメニスタンのアルティン・デペから出土した分銅は四〇二〇グラム、五四七五グラム、六九七五グラムを計り、インダスの基準値のそれぞれ四八〇〇倍、六四〇〇倍、八〇〇〇倍に相当する。知られている限り最も重い分銅はカラ・デペ出土の二一六・五キログラムのもので、基準

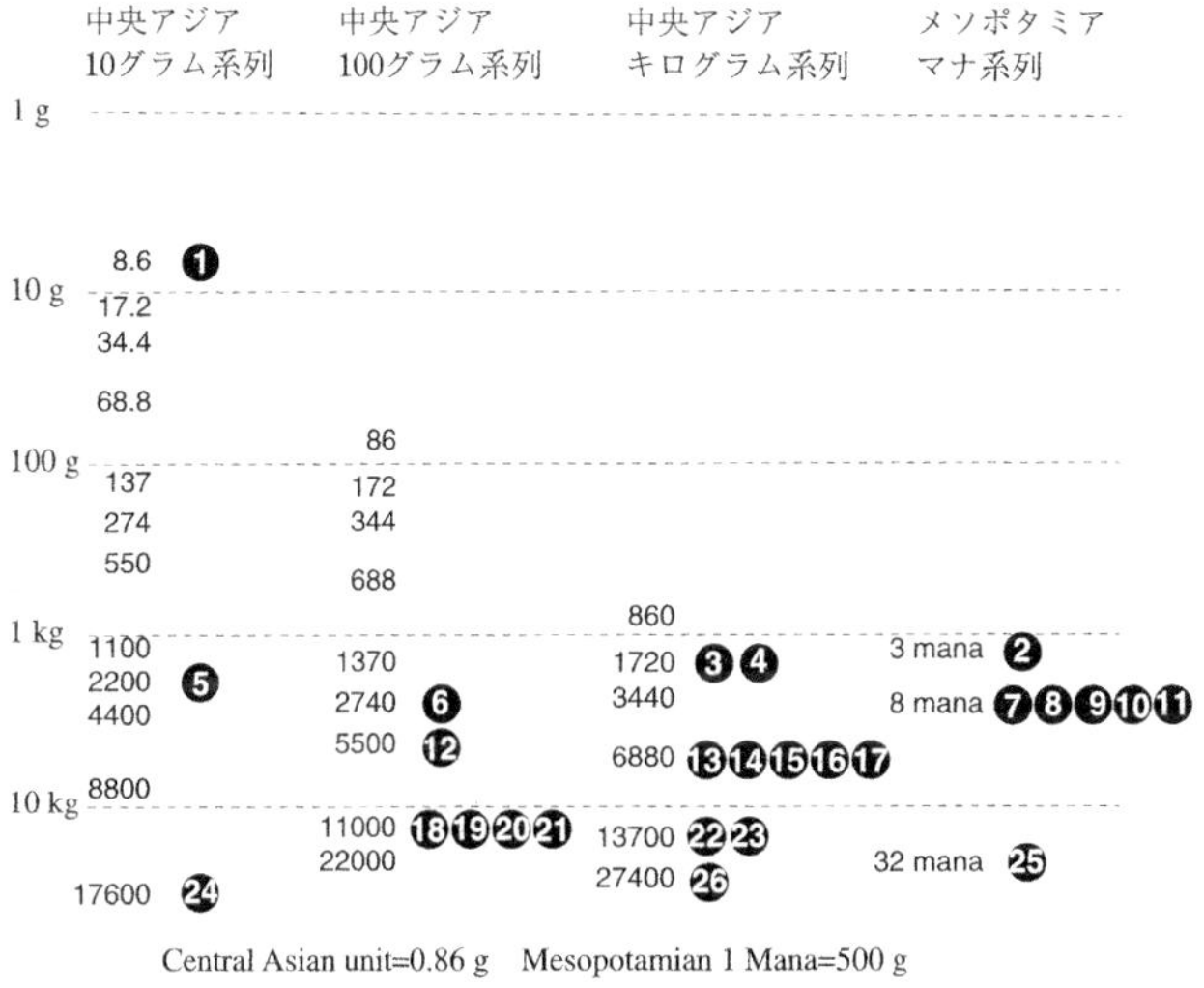

No. 1 アシガバード博物館, 8.6g 花崗岩

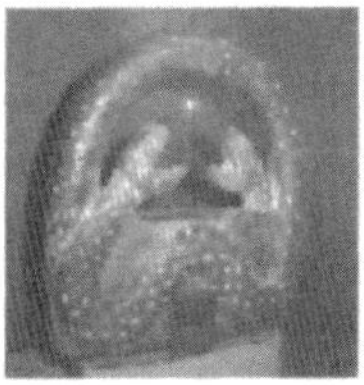

No. 11 タシケント博物館, 4,100g クロライト

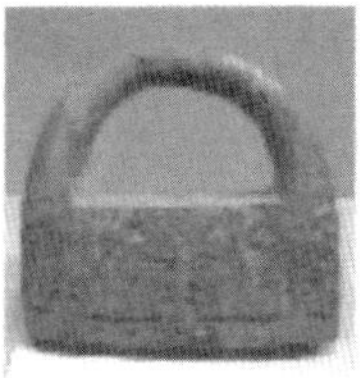

No. 10 メトロポリタン美術館, 4,080g クロライト

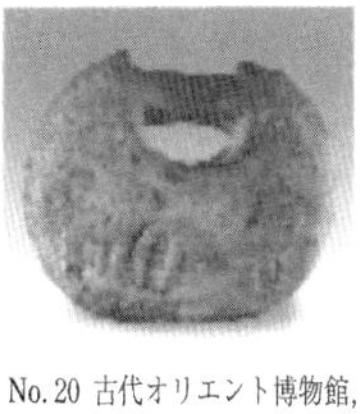

No. 20 古代オリエント博物館, 10,992g 石灰岩

No. 17 ペンジケント博物館, 7,413g 石灰岩

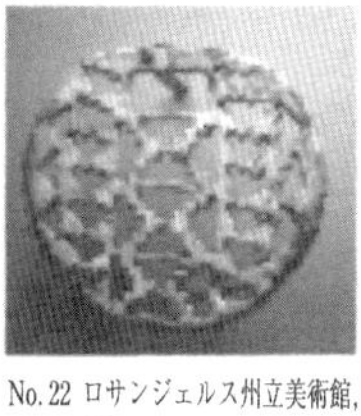

No. 22 ロサンジェルス州立美術館, 12,973g 鉛

図17　中央アジアの分銅と質量分布表

値の三万二〇〇〇倍に当たっている。私が計測した最も重い分銅は、青銅と鉛を組み合わせたもので、一万六六四一グラム、基準値の一万八〇〇〇倍に一致している。

分銅の起源は中央アジア

　このように見てくると、中央アジアの分銅はインダスに先行し、さらに現存するあらゆる世界の分銅よりも古いということになる。しかも、基準となる重さと数列がインダス文化のそれと完全に一致していることは、中央アジアの影響下にインダスの分銅システムが成立したことを示している。

　二のn乗の数列に合わない二〇倍とか八〇倍とかいった数字があるが、これは実は簡単に解決できる。分銅には対象とする物質の重さの範囲によって、それぞれ異なるセットが作られるのが普通である。たとえ素材が同じ炭素であるとしてもダイヤモンドの重さを計る分銅と石炭のための分銅が同じわけはない。中央アジアでもインダスでも、一〇倍、一〇〇倍のセットが作られていたことは、分銅の質量分布の表（図17・上）を見れば一目瞭然である。

何を計ったか？

　もう一つ、注目すべき点がある。それはインダスのセットは軽い分銅が中心で、中央アジアでは重い分銅が出土していることである。これはインダスは消費地であり、製品化されたメノウや金のビーズや装身具を計るのに分銅が使われ、中央アジアでは素材であるラピスラズリやメノウ、金の鉱石を対象に分銅が使われていたことを示しているように思われる。

また、中央アジアでは動物などをあしらった装飾的な分銅も数多く出土するが、これらは在地の領主などが権威の象徴として質量原器を持っていたことを想像させる。これに対して、インダスはほとんどが方形の石で、極めて実用的な雰囲気に溢れている。当時の社会構造の差をも反映しているのであろう。

インダスの分銅についてはこれまでも大きな注意が払われて研究されてきた。それに対して、中央アジアの分銅は、分銅であると認める研究者も実は私以外には世界中を見渡しても、ほとんどいないのである。従って「分銅まがい」としか扱われず、実際にその質量を計って統計を取った人間もアレクシンと私だけなのである。

しかし、ここに論拠を示したように、これら中央アジアの分銅は世界最古の分銅であり、社会経済史的に極めて注目すべき存在であることは言をまたない。それだけにはとどまらず、インドや中央アジアの歴史全体の評価にも大きな影響を与えることは必至であろう。

分銅は交易に欠かせないものであるが、また、印章も重要な役割を果たしたと考えられる。スタンプ印章はイラン経由で中央アジアに伝えられ、やがてバルチスタンにも拡がっていった。インダス地域でも独特の印章が使われるようになり、ペルシア湾交易の当事者として栄えた。

中央アジアにおける交易

交易と文化

交易は単に物資が動くだけではなく、人々が長い時間をかけて蓄積してきた技術や思想、考え方、社会制度、あるいは人間そのものも交換されたり、影響を及ぼし、さらに広い範囲で受け入れ可能な社会制度が形作られる契機となった。「文化」というのは「文になる」ことである。文とは織物の文様のことで、さまざまな文様が織りなされて人間の社会はできあがっている。どんな民族も文化を持っており、それはそれぞれの環境、風土の中で熟成されてきたものである。多くの民族と接触を深め、お互いが孤立した存在でなくなると、両者をも包み込む、より広い範囲に適応可能な「通文化」が形成されていく。それがかなりの範囲を覆うように発展したとき、私たちは「文明」として理解するのである。古代文明とはメソポタミア、エジプト、インド、揚子江地域や黄河流域などに栄えたものを指している。文明の成立に交易が深く関係しているのは当然であろう。

交易はすでに後期旧石器時代から始まり、時代を経るに従ってさらに活発に、そして遠距離をものともしないようになっていった。たとえばトルコ産の黒曜石は広い範囲に流通していたし、貴石や海産の貝殻を使った装身具なども重要な取引品目であった。文明期になると、中心的な都市は交易拠点の町を建設するようになる。

川と砂漠の文明

メソポタミアは世界最古の文明が栄えた土地であるが、そこは大河と砂とデーツ（ナツメヤシ）しかないと言っても過言ではない。石さえ手に入らないのである。

なぜ、このような地域に古代文明が栄えたのであろうか？　その秘密は西アジア型農業そのものにあると言える。人間＝動物（家畜）＝植物（麦）という関係は「人工の自然」とも呼べるもので、異なった環境のもとにも移植が可能なのである。灌漑《かんがい》を施すことによって、南メソポタミアは極めて高い農業生産力を誇ることができた。集約的な農業のもとで人口は増え、巨大な消費地が形成されていったのである。農産物や水産物を輸出することによって、必要な資源、例えば木材や石材、メノウや水晶などの貴石、金、銀、銅などの鉱物をイラン高原やアナトリア高原などの山岳地域から輸入することができた。西アジア一帯を結びつける交易網が作られ、ラピスラズリなどは遠くアフガニスタン北部の鉱山からはるばるメソポタミアに運ばれ、さらにシリアやエジプトにも運ばれたのである。

このような大規模な交易の中心になった機関は神殿であった。メソポタミアの各都市は、ウルクは豊饒神イナンナと天空神アヌ、ウルは月神ナンナ、エリドゥは水神エンキというふうに、それぞれの守護神を祀っていた。神殿の規模を拡大し、荘厳に装飾することは、都市の維持・発展に欠かせないことと考えられたのである。神殿に蓄積された膨大な富を管理するための記録が必要となり、ウルクの神殿官僚たちが工夫したのが絵文字で、やがてその文字は楔形文字に発展していった。

ラピスラズリの交易

中央アジアもこのような交易網に早くから組み込まれていった。メソポタミア＝イラン＝中央アジアを結びつけたものは鉱物資源であった。その一例としてラピスラズリ（瑠璃）を見てみよう。ラピスラズリはアフガニスタン北部、バダフシャン地方に最も有名な鉱山があった。標高二七〇〇メートルを超える山の上にサル・イ・サングなどの鉱山があり、マルコ・ポーロは『東方見聞録』の中で、「バダフシャンの国からはウルトラマリン（ラピスを粉にした顔料）の石がでる。これは世界で知られる最も見事な青色で……この鉱脈はラピスラズリと呼ばれる」と述べている。ラピスラズリというのはラテン語で「青い石」という意味である。中国語では金青石、金精石、瑠璃と呼ぶ。金というのはラピスの鉱脈の中に黄鉄鉱の斑《ふ》がはいっているからであり、瑠璃というのはサンスクリット語の「バイドゥリャ」が音訳されたものである。私たちに馴染み深いのは浄瑠璃という言葉であるが、これは中世に牛若丸の病を救った浄瑠璃姫の物語が代表的な語り物だったからである。浄瑠璃姫は浄瑠璃世界（東方浄土）の主、薬師如来の化身とされたのである。

最も古いラピスラズリが知られているのは産地に近い中央アジアで、トルクメニスタンのナマズガ2期（前四〇〇〇年頃）からであるが、前三五〇〇年頃にはイラン、メソポタミア、エジプトからも出土するようになり、この時代に早くも東西五〇〇〇キロにも及ぶ交易網が形成されていたのである。ラピスラズリの深い青色は空や水を象徴するものとして人々を魅了し、金と同じ価値があると見なされていたらしい。

エンメルカール王の物語

メソポタミアのシュメール時代の物語に「エンメルカルとアラッタの王」というのがある。オリジナルは前二〇〇〇年以前に書かれたらしいが、現在残されているのは前一七〇〇年頃の楔形粘土板文書である。エンメルカルというのは、ウルク第一王朝の三代目の王で、前二七〇〇年頃の人と考えられる。物語の筋は、

ウルクの王エンメルカルは都市の数多くの神殿を建設し、そこをラピスラズリで荘厳しようと考えた。しかし、ずいぶん前からラピスの輸入が途絶えてしまっていた。そこで、東方のアラッタの国王に売ってくれるように頼んだが、断られてしまったのである。

王が都市の守護神イナンナに伺いをたてたところ、女神はアラッタの国を飢餓で苦しめようと約束してくれた。

果たしてアラッタでは雨が全く降らなくなり、穀物も実らなくなった。アラッタ王は

ウルクとの交渉に応じ、穀物のお返しにラピス、金、銀、石細工職人をウルクに送った……。

という。

別の物語では軍を派遣し、アラッタ国からラピスを強奪したとも伝えられている。

ラピスの国アラッタ

紀元前二〇〇〇年頃には中央アジアからイラン高原、そしてメソポタミアを繋ぐ陸上交易路は衰退していったようである。代わりに主役となったのはペルシア湾を介した海上交易路である。メソポタミア、ディムルン（バーレーン島）、マガン（オマーン半島）、そしてインダスを通じた交易が盛んとなった。

例えばメソポタミアで消費される銅鉱石の産地は、前四〇〇〇年紀はイランを主体としていたが前三〇〇〇年紀にはオマーン産がほとんどを占めるに至った。インド方面からは黒檀などの木材、真珠、珊瑚《さんご》、象牙、またおそらくはペット用の猿、孔雀、こぶ牛、メノウ、金、そしてラピスラズリなどが輸入された。インドにはオマーンの銅が輸出されたと考えられている。この交易を担ったのはディムルンで、国際中継交易港としてメソポタミアやインドの船を受け入れ、自分たちも荷主、船主となって活動していただろうと推測されている。

それ以前はイラン高原を経由する陸上交易が中心であり、その東方の拠点がアラッタ国として伝えられていたのである。アラッタというのはイランの東からアフガニスタンにかけての国と考えられている。これまではアラッタ国は東イラン、シャハダード遺跡のことであると推察されてきた。しかし、アラッタ国がシャハダードであったとは、とうてい考えられない。古代メソポタミアの中心都市ウルクからアラッタ国へのルートは記録に残されている。それによれば、ウルクからまずエラム人の首都アンシャンに行く。それから七つの山々を越えて大砂漠に達する。その砂漠の際《きわ》にアラッタ国はあるという。

アンシャンの位置は、イランのマルユーン遺跡からアラッタの名前を刻んだ粘土板文書が発見されたので確定された。それはザグロス山脈の盆地のなかで、ペルセポリスの近くである。するとザグロス山脈を東にたどるとシャハダード遺跡がある。この遺跡はルート砂漠のとば口に位置する。

アラッタをシャハダード遺跡に比定する説が強いが、難点がある。まず、この遺跡はクロライトと呼ばれる石製品の名産地だったが、金や銀、ラピスラズリなどはほとんど発見されていない。また、国家があったとするには遺構が如何《いか》にも貧弱である。

アラッタ国はアルティン・デペ

私はトルクメニスタンのアルティン・デペこそ、かつてのアラッタ国に違いないと考えている。

イラン高原で紀元前二七〇〇年頃に王国があったらしい遺跡はそんなにないし、アラッタ国の位置関係に適応する遺跡はもっと少ないのである。テペ・ヒッサールはその先が砂漠ではない。テペ・シアルクとシャフリ・ソフタは砂漠の真ん中にある。トルクメニスタンのゴヌール遺跡も、時代が前二〇〇〇年と新しすぎ、砂漠の真ん中にあり、候補から外れる。

すると、候補地は自動的に絞り込まれてくる。トルクメニスタンのアルティン・デペ以外には考えられないのである。アルティン・デペはコペトダーク山脈の東側に位置し、その先には広大なカラクム砂漠が広がっている。年代は前三〇〇〇年から二三〇〇年頃である。東西六〇〇メートル、南北六五〇メートルという広大な遺跡で、世界最古のジッグラト（聖塔）の基壇も発見されている。ラピスラズリ、金、銀、めのう、インドから輸入された象牙などの製品が多数発見され、極めて豊かな国だったと考えられる。

ゴヌール遺跡が栄える直前の遺跡で、ここから多数の人々がマルギアナ地方に移民していったと目されている。ゴヌールでは王宮や神殿が確認されているが、アルティン・デペでは調査が十分に行われておらず、どのような統治システムがあったかは明らかではない。今後の発掘を通して、この問題を解明したいと考えている。

交易路は？

アルティン・デペからイラン高原を介してメソポタミアへ続く交易路は果たしてあったのだろうか？　カラクム砂漠とイラン高原の間には標高三〇〇〇メートルを越すコペトダーク山脈が障害として横たわっている。古代の交易を論じる本には、コペトダーク山脈を大きく北に迂回し、東北イランのゴルガン平原から入っていくルートが描かれている。しかし、このルートはアルティン・デペからは遠すぎて、不便この上ない。

アルティン・デペを少し南に下がるとアクチャ・デペがあり、そこから東南にコペトダーク山脈に分け入ると、大きなワジ（涸川）があり、それにそって上っていくことができる（図18）。さらにイラン側の斜面にもワジが続いており、それを下ると現在のメシャッドに達するのである。

トルクメンの地理に詳しい友人ババゲルディ氏に聞くと、この山越えルートは容易で、昔から交易に使われていたという。アルティン・デペが栄えたのは、このような交易路を確保していたからに違いない。

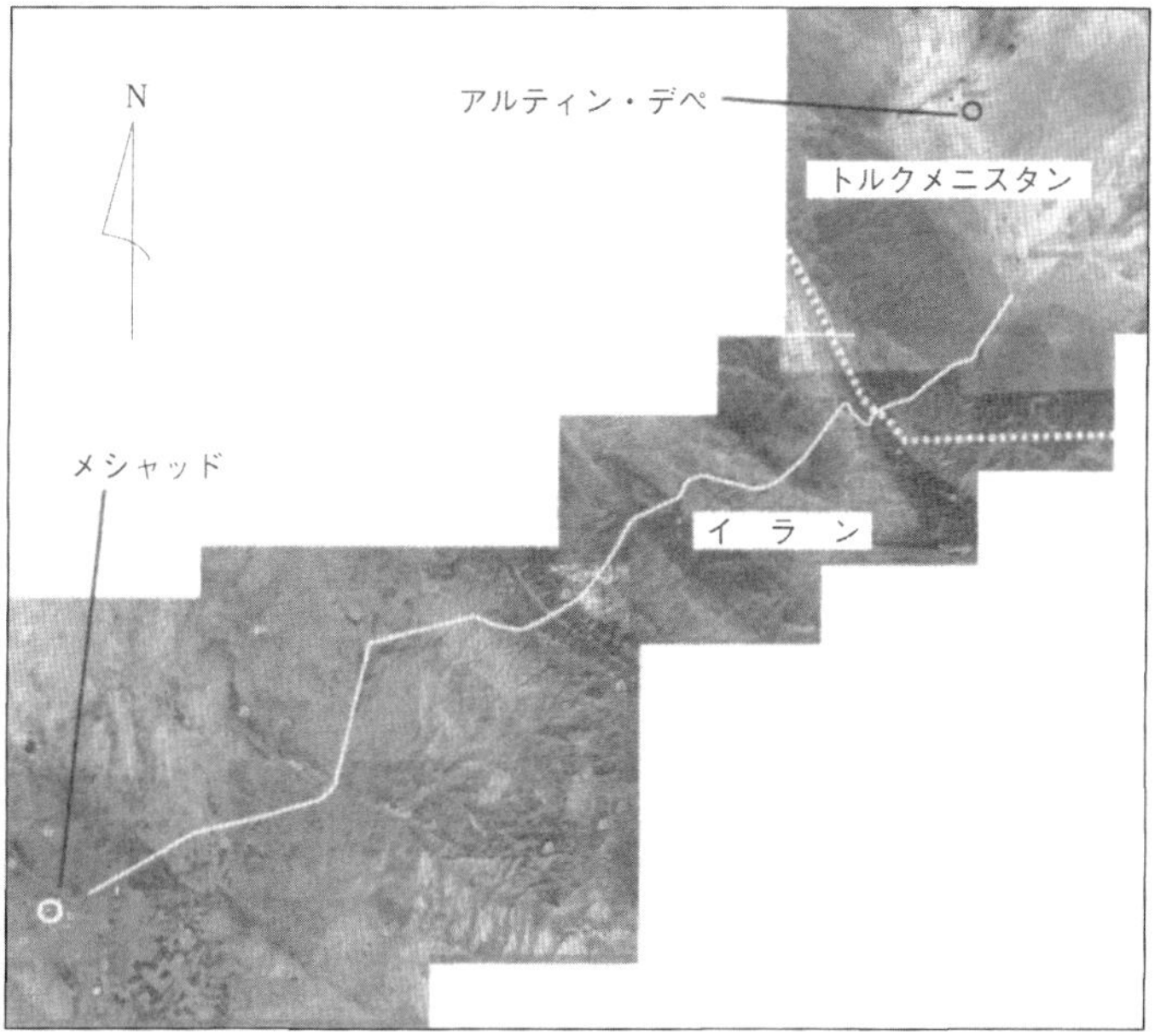

図18　アルティン・デペとイラン高原の交易ルート

世界最古のオリンピック

二〇〇六年のトリノオリンピックではテレビにくぎ付けになって、荒川静香選手の〝イナバウアー〟に「感動した」人も多かったに違いない。オリンピックは勿論、古代ギリシアのオリンピア祭典競技にちなんだもので、前九世紀から後四世紀にかけて行われた。祭の起源には諸説があるが、ホメロスによれば、トロイア戦争で死んだパトロクロスの死を悼むため、アキレウスが競技会を行ったのが由来であるという。

神に捧げる神聖な競技はオリンピックに限らず、世界各地にあったと考えられる。我が国の相撲も、本来は神に捧げるものだった。私の専門とする中央アジアやインダス方面でも関連しそうな遺物が発見されている。

奇妙な石製錘

まず取り上げたいのは円錐形の石製錘《おもり》である。これはインダス文化発見（一九二三年）より古く、一九〇四年に調査されたナール遺跡の墓から発見された（Hargreaves et al 1929）。石灰岩製で、高さ二一・五㌢、径は一一・三㌢、上部にロープでつり下げるための穴があいており、重さは七・四㌔㌘を計る。その後、モヘンジョ・ダロでもいくつか発見され、吊り下げ形の錘（weight）とされている。重さは一〇・三㌔と六・九㌔の数値が報告されている。

図19右に示したのは最近、東京で確認したもので、これまで紹介したものと同じタイプの遺物である。入手ルートから考えると、バルチスタン方面から出土したものと思われる。年代は紀元前三〇〇〇〜二四〇〇年頃と推定できる。上部の穴は指が入るくらいの大きさで、いかにもロープで吊り下げるにふさわしい。穴の中はロープとの摩擦があったのか、かなり摩耗している。高級感溢れる大理石で、ロッソ・アリカンテという名前で建材店にならんでいる石である。重さは約七㌔と八・五㌔であった。

図19　石製の錘（右）と円盤（左，紀元前2500-2000年頃）

これらのいわゆる「錘」の特徴は、分銅と異なり、重さや大きさが極めて類似していることである。用途を推測する資料としては、バクトリア青銅器文化に属する銀器の文様が挙げられよう。牛車に乗る人と、何かを手にして走っている人物が打ち出されている。その何かは丸いもので、片手で吊り下げるようにしている。筋骨隆々とした人物で、負荷をかけて運動しているようにも見えるのである。

単純な円盤　次の資料は、それこそ単純な石製円盤である（図19左）。直径一五㌢、厚さは四・五センチで、いかにも重厚、かつ単純な形をしている。出土地はバクトリア地方とされる。重さは二〇三〇グラムで、片手で持つと、ずっしりという感じがするが、投げるには手頃な大きさと重さである。現在の円盤投げ競技では、男子は二キログラム以上の円盤と決められている。

ギリシアのオリンピックでも中心競技の一つであるし、アポロンの投げた円盤がヒュアキントスにあたり、ヒヤシンスの語源になったことはよく知られている。

モンゴルや日本では相撲、ヨーロッパではレスリング（相撲と違い、寝技を伴う）と呼ばれる競技も東西に広がっている。すると西アジアや中央アジアに起源があるのではないかとも考えられよう。

相撲あるいはレスリング

トルコの国技はヤールギュレシというトルコ相撲であり、六五〇年の伝統を誇っている。ヤールというのはオリーブオイルのこと、ギュレシは相撲の意味である。

インド相撲も古くから伝えられたもので、『法華経《ほけきょう》』安楽行品《あんらくぎょうほん》に出てくる。そこでは「危険な相撲に親しんではいけない」と否定的に記されており、庶民の間では盛んに行われていたことを示している。釈迦牟尼《しゃかむに》仏陀の青年時代を描いたガンダーラ浮彫りには、弓の稽古、馬術とならんで相撲を取る場面がある。心身を鍛える修行の一つだったのであろう。

スポーツ競技の歴史ではギリシアの壺絵が最も古いレスリングとして紹介されるが、たかだか二五〇〇年前のことである。西アジアではシュメール時代の銅製の像に相撲を取っているものがある。いまから四五〇〇年前のものである。両者は頭の上に大きな壺らしきものを載せており、これは化粧容器の台座になっている。また、エジプトの浮彫りにも数多くのレスリング場面が描かれている。第五王朝のプタハヘテプの墓（前二四五〇年頃）などがよく紹介されている。

中央アジアの四〇〇〇年前の化粧用の銅製ピンには、がっぷり四つに組んだ相撲を表したものがある。相撲は単純な勝ち負けを争う競技であるから、どこでも起こり得るであろう。しかし、東では寝技を伴わず、西では寝技を伴うという分布状況は、何らかの系統的なものがあったことをうかがわせるのである。

極めつけはスタジアム

このように見てくると、バルチスタンからインダスの青銅器時代に、何かオリンピックに関連しそうな遺物が発見されるのである。そして、インダス文化の遺跡で発見された「スタジアム」について、当然触れねばならない。

インド西部にあるドーラービラー遺跡は極めて注目すべき遺跡である。市街区と城塞の接する部分には三段の観客席を伴う、長さ二八〇メートル、幅四七メートルの広場があり、前インド考古総局長ビシュト博士は、「多目的の世界最古のスタジアム」と評価している。普段はバザール、祭りの時にはパフォーマンスや踊りの会場、時には勇者の競技会、さまざまな場面が目に浮かんでくる。

インド・アーリヤ人の起源

南アジア人の人類学的位置

インド・アーリヤ人のインド侵入説に疑問を呈し、インドや周辺地域の考古学の研究成果について、概略を紹介してきた。結局、インド文明の起源について、どう考えるべきか、私なりの仮説を紹介しなければならない。といっても、これは何百人の専門家が一世紀以上にわたって、議論してきた大問題であるから、私が提示する仮説が決定的なものとは思ってはいない。これから論証しなければならないこと、研究データをそろえなければならないことが山積しており、あくまで作業仮説を出るものではない。しかし、現在の研究データからすれば、もっとも説得力に富む見方ではないかとも、自負しているのも事実である。

統合的アプローチ

何らかの現象の起源を考える場合、その現象自体が学問的に定義できるものでなくてはならない。インド・アーリヤの問題とは、インド・アーリヤ語をしゃべる人々の集団の問題であるから、

一、人類学的にはそのような集団が形質的に、あるいはDNAなどで他と区別できる集団として認められるかどうか、

二、インド・ヨーロッパ諸語の中における位置づけ、

三、そのような集団の物質文化が考古学的に定義できるか、

という三方向からのアプローチが必要である。

人類学的研究

インド・アーリヤ民族の侵略があったかどうか、これは何よりも人間集団の移動の問題であるから、人類学的研究が重要な役割を果たすと考えられよう。形質人類学、DNA人類学の成果をまず明らかにする必要がある。南ロシア、中央アジア、そして古代インドの人々に顕著な共通性が認められれば、アーリヤ仮説は歴史的真実味を増すことになろう。

人類学的研究の最近の研究成果について紹介しよう。まずL・L・キャヴァリ＝スフォルツァらによる研究を取り上げる。彼らは人類の拡散、言語分布、農耕起源論とDNAタ

イプの相関関係に興味を持ち、全世界的レベルでデータを収集、解析したのである。現在の人類が対象であるから、新人（ホモ・サピエンス・サピエンス）の歴史が浮き彫りにされたことになる。

その結果は、総括地図（図3・上）に端的に表現されている。新人はアフリカで一〇〜一五万年前位に誕生し、旧人（ホモ・サピエンス・ネアンデルターレンシス）を滅ぼしながら世界に拡散していったと考えられている。

その拡散の一番古い波は①で、新大陸、シベリア東端、シベリア北端東南アジアの一部、そしてアフリカ南端に分布している。次に古いのは②で、新大陸には達しておらず、シベリアから中国、中央アフリカに分布している。より新しい波は③ヨーロッパ北部、中央アジアからインド、アフリカ北部に広がっている。最も新しい波は④で、ヨーロッパから中央アジア、イラン、アラビアに分布する。その他のグループは旧世界に関係がないので、新世界に分布した人類が特殊化したものと考えられよう。

新人類の拡散

ここで扱われているのは新人の拡散であるから、その時間幅はいまから五万年以内に収まっている。一番新しい④の拡散は、新石器時代の農業の広がりに対応するものであろう。西アジア型農業はレヴァントからシリアにかけての地域で、一万年前頃に始まり中央アジア、ヨーロッパへと広がっていった。農業の広がりは農民の移住と農地開発に密接に結びついていることを示している。③の波は後期旧石器時代末期の拡散に関連しているのだろうが、北ヨーロッパ、中央アジア、南アジア、北アフリカに同じタイプの人類が分布しているということは、黒人、白人、黄色人種などという人種分類は無意味であることを示唆している。肌の色は紫外線の強度に対する適応にすぎず、遷移的な分布を示すのである（ジャブロンスキー他　二〇〇五）。また、時間的にも一万年程度でこのような変化が起きてしまう表面的な現象にすぎないのである。

この遺伝子分布地図によれば、北インドも南インドも同じタイプの人類が分布し、バルチスタン以西のイラン系のタイプとは一線を画していることが注目されよう。南インドには肌の黒いドラビダ系民族、北インドには肌の白いアーリヤ系民族が住んでいると一般には説明されているが、それらは肌色の傾向の違いにすぎず、遺伝子的には同じタイプに属していると考えられるのである。

L・L・キャヴァリ＝スフォルツァらによる研究は、旧石器時代後期に北ヨーロッパ、中央アジア、南アジア、北アフリカに同じタイプの人類が分布したことを示唆しているが、インドの中石器時代の人骨の形質人類学的研究でもそれを支持する結果が出されている。

それはK・A・R・ケネディによる中石器時代人骨の研究である（Kennedy 1980）。彼は一万二〇〇〇～九三五〇年前と推定されるインドのサライ・ナハル・レイ遺跡とマハダーラ遺跡出土の人骨の形質を研究し、西アジアの中石器人骨とは異なり、ヨーロッパの後期旧石器、特に後半のソリュートレ期（前一万九〇〇〇年頃）やマグダレーヌ期（前一万八〇〇〇から一万年）の人骨に近いことを明らかにしたのである。

形質人類学的研究

中央アジアやウラル方面の出土人骨に関するDNA分析はほとんど行われていないのが現実であり、形質人類学の研究成果が重要となる。その中で特に重要なのはP・C・ドッタの研究であろう（Dutta 1972）。彼はハラッパー遺跡出土の人骨をイランのヒッサール遺跡三期（前三〇〇〇から二〇〇〇年）、エジプトのバダリ期、ナカダA期、アビュドス、サッカラ出土の人骨と比較した。

この結果から彼は、

一、インドとイラン、エジプトが同一のクラスターに入るはずはないとし、ハラッパー期以前の人骨が研究されておらず、このギャップを埋めることが必要であるとした。

さらに、

二、パンジャブ地方の現代人の形質は、僅かな違いが認められるが、ハラッパーのものと同系統であると結論づけた。

一について言えば、西アジアや中央アジア、ヨーロッパを含めた広い範囲の人骨の比較研究を進めなければ結論はでないであろう。

二は極めて重要な結果である。インダスの人骨と現代のパキスタン北部の人々（いわゆるインド・アーリヤ系）が形質的に同じ系統に属するということは、歴史的に大きな民族変動がなかったことを示す可能性があるからである。同時にドッタの研究では、ハラッパー人とヒッサール人が同じクラスターに入るとされ、現代人のＤＮＡ分析データとは異なった様相が古代にはあった可能性も示唆されている。

インド諸民族の定着過程

現代インド諸民族のＤＮＡ研究は、民族の坩堝《るつぼ》といわれる状況を反映し、活発に行われている。そのなかでも、アナラブハ・バスらの研究は広範な分析を行っており、重要である（Basu 2006）。

彼らは五八のＤＮＡ比較指標を用い、次のような見通しを得た。

一、オーストラロ・アジア系が最も古くインドに定着した。

二、チベット・ビルマ系はオーストラロ・アジア系と共通する要素が多く、南中国を起点に定着していったと考えられる。

三、ドラビダ系はインドの支配的住民であったが、印欧系の侵入によって南に追いやられたと考えられる。

四、上級カーストの構成員は中央アジアの人々と極めて近い。ただし、南に行くほど、関係は疎遠になる。

この分析結果は、定説であるインド・アーリヤ侵入論とは矛盾はしていない。中央アジアを介して、印欧語族がインド世界に入ってきたことは確実であろう。問題は、考古学的発掘で得られた人骨のＤＮＡ分析が全く進められていないことである。古代における民族移動の様相を、同時代的な資料で明らかにすることこそ、今後の課題である。

インド・ヨーロッパ語の系統樹

言語の系統

インド・アーリヤ語はインド・ヨーロッパ（印欧）系言語群の中で、イラン語とグループを形成している。印欧語については、「インド・アーリヤ人征服説の誕生」でその発見の経緯や系統樹の考え方について紹介した。しかし、言語学も絶えず発展しており、最新の研究成果を見なければならない。

最新の系統樹は二〇〇三年にニュージーランドの言語学者R・D・グレイによって発表された。この研究の特色は、なんといっても、一九世紀や二〇世紀の研究では系統樹から外されていたヒッタイト語やトカラ語の位置を明らかにしたことである。

なぜこれまでの印欧語系統樹にヒッタイト語やトカラ語が省かれていたかと言うと、位

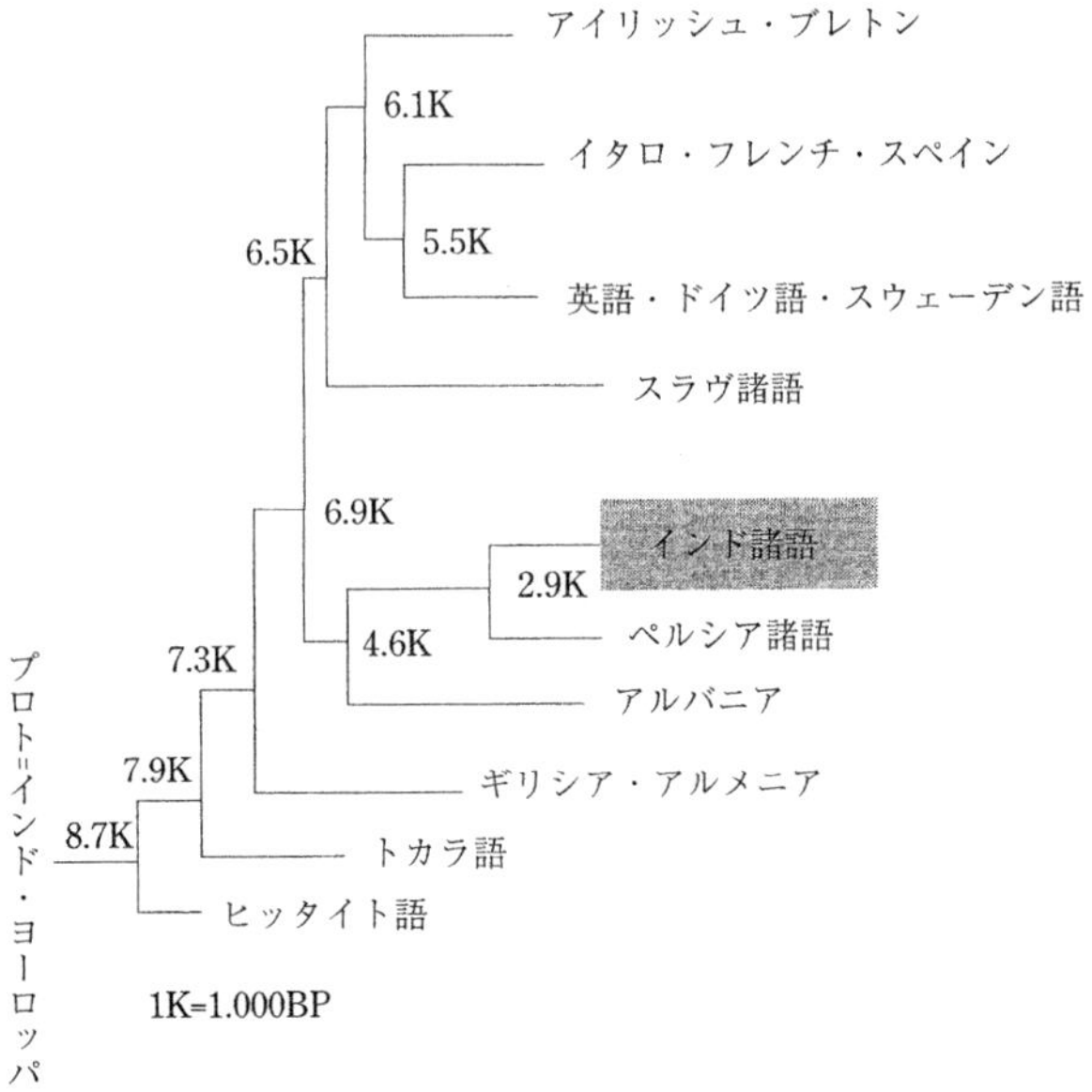

図20　最新の印欧諸語系統樹と分岐年代確定

置づけが困難だったからである。ヒッタイト語は明らかにサンスクリット語よりも構造が簡単で、古い様相を示している。しかし、ヒッタイト語を一番古い印欧語にしてしまうと、印欧語族が農耕民ではなく、遊牧民であったという前提が崩れてしまうのである。結論が先にあって、客観的な判断は背後に追いやられてしまったのである。

何度も強調しているように、学問はそれ自身の方法によってのみ研究対象の変化や発展を明らかにすべきで、証明されていない前提をおくのは、学問もどき、曲学阿世の徒と誹《そし》られても反論できないのではなかろうか？

グレイによれば、現在知られている限りもっとも古い印欧語はヒッタイト語であり、そのほかの印欧語諸語と分岐したのは八七〇〇年前頃と推定されている。印欧語の拡散の古い段階で、インド・イラン諸語が東方群として分岐している。やがて、それらはインド諸語とイラン諸語に分離独立してゆくのである。

インドの諸言語

インドでは、ヒンディー語を筆頭に、ベンガル語、テルグ語、マラーティー語、タミル語、ウルドゥー語、グジャラート語、マラヤーラム語、カンナダ語、オリヤー語、パンジャブ語、アッサム語、カシミール語、及びシンディー語などが、比較的話す人口の多い言語である。

ヒンディー語は人口のおよそ三〇％の人々が話し、また、十分理解できる人口はおそらくこれ以上の数に及ぶ。ウルドゥー語はインドの隣国パキスタンの国語で、「バングラ語」（ベンガル語）は隣接するバングラデシュの公用語でもある。

ドラビダ語はドラビダ族の人々が使用する諸言語で、およそ二六の言語が含まれる。ドラビダ語は、主として南インドとスリランカで話されているが、また、パキスタン、ネパール、そして東部及び中央インドの特定の地域でも話されている。

ドラビダ語は、二億人を超える人々に話されており、孤立語として、その系統や起源は明らかではない。ドラビダ語と、ウラル語及びアルタイ語のグループのあいだには、著しい類似性が存在し、このことは、両者が共通の起源よりの派生であるとはとても思えないにしても、これらの語族のあいだで、展開のある段階において、長期間に渡る接触が存在したことを示唆する。

その他に、多数のチベット・ビルマ語派（シナ・チベット語族内の語派）の言語やオーストロ・アジア語族の言語が、少数民族の間で使われている。

印欧語以前のインド諸語

印欧語を話す人々は、おそらく印欧語の故地である西方から、ある段階でやってきたに違いない。それ以前は、一般に言われるように、ドラビダ語、そしてさらに前はオーストロ・アジア語が使われていたのであろう。ドラビダ語をイランの孤立語であるエラム語と結びつけ、エラム・ドラビダ語群を提唱する向きもあるが、言語学者からはほとんど支持されていない。

先ほど紹介したDNA人類学の成果では、東北インドから南インドにかけては、西北インドとは異なった人間集団がいることが明らかにされている。彼らはドラビダ系言語をしゃべる人々であり、それ以前のオーストロ・アジア語を使う人々はほとんど消滅し、少数民族として散在するにすぎない。東北インドの人々は、ＤＮＡの分類では南インドの人々と同じグループをなすが、言語的には西北インドの影響を受け、印欧語系統の言葉を話すようになったと読みとれる。

インドにおける印欧語の拡散

かつてのインダス文化地域を含めた西北インドは、インドでもっとも古く農耕文化が定着した地域であり、その農耕文化はイラン高原から伝えられたことは明らかである。

したがって、インダス文化を含めた初期農耕文化の人々は印欧語を話す集団であったと考えられる。やがてインド・イラン系の言語から孤立し、インド・アーリヤ語を形成していった。

インド・アーリヤ語が東北インド一帯に広がったのは、インダス文化後期から初期鉄器時代にかけての農業エクスパンションの時代であったと推定するのが、もっとも素直な解釈であろう。

考古学の成果

DNA人類学の研究による人類拡散④は、農業の拡散と一致している可能性が高いことを述べた。この点について、もう少し詳しく調べてみよう。

西アジア型農業

農業というと、人間が植物を栽培し動物を家畜として飼うことであると、一般には思われている。しかし、実際に起こったことは、特定の植物と動物が人間を利用し、世代交代を円滑・成功裡に行うことと見ることもできる。人間の側からいえば栽培、家畜化と言い、対象となる生物からすれば人間の活動を利用している。お互いにメリットがあり、両者に深い共生関係が生まれたと言えよう。

世界の農業にはさまざまなタイプがある。北中国で始まった粟、稗などの雑穀農業、南中国を起源とする米農業、東南アジアのイモ農業、アフリカ起源の雑穀農業、新大陸起源のトウモロコシ農業、ジャガイモ農業などである。

西アジアで始まった麦・ヤギ（ひつじ）農業（西アジア型農業）は、起源が最も古く、また、影響力も大きい農業であった。今から一万年前に北シリアを中心とする地域で始まり、エジプト、ヨーロッパ、イラン、中央アジア、南アジアにまで広がり、さらに十七世紀以降にはアメリカ大陸やオーストラリアにも伝えられた。

農業の起源　栽培植物の中心になるのは大麦、小麦であり、それにマメ科の植物が加わる。これらは氷河期には暖かい盆地の端などに小さな群落を作っていたが、氷河期が終わると大きな分布を示すようになった。

それまでも人々は動物を狩る（主に男性）だけでなく、植物や昆虫などの採取（主に女性）をして暮らしてきた。比較的大きな実をつける麦は、格好の採集対照になっていったのである。

ところで、麦には野生種と栽培種があるが、それはほんの少しばかりの遺伝子が異なっているためである。野生種は実れば世代交代のために落穂する。そして、次の雨期まで芽を出さずに眠っている。栽培種は落穂せず、播けばいつでも芽を出してしまう。つまり、栽培種は人間に世代交代の世話を委ねた植物なのである。

どのようにして栽培種が生まれてきたかは、簡単なことで、人間が実った穂を刈り取ると、多くの実が地面に落ちてしまう。しかし、中には落穂性を欠いた奇形も少しは含まれており、刈り取るという人間の行為によってその率は少しずつ高まっていくのである。特に人間が、競合する雑草の少ないワジ（涸川）の河川敷などに播くと、播種《はしゅ》と刈り取りという二重の選択が働き、栽培種の成立が飛躍的に早まったのである。そして、栽培種がほとんどを占めるようになった麦は、もはや人間の管理がないと、生命の基本的命題である世代交代もできない種になったのである。しかし、反対に、麦は分布範囲を広げ、他のイネ科の植物と交雑することによって、種類を増やし、種としての大成功をおさめたのである。

家畜の起源

西アジア型農業の基本的な家畜はヒツジ、ヤギであり、それにウシ、ブタがやや遅れて加わった。

ヒツジ、ヤギも西アジア各地に野生種として分布していた。人々はそれらを狩猟対象としていたが、やがて集落のまわりで飼いはじめたのである。最初はたまたま捕らえた仔ヒツジや仔ヤギを繋いで飼っていたが、それが大きくなるにつれ、野生の動物と交配し、子どもを産むようになった。最初から人間社会の中で育った動物にして初めて家畜となるのである。その過程のなかで、性格の優しい個体が優遇され、やがて顔面も幼児化したタイプが選択され、家畜種として成立していったのである。

農業は伝播しない！

「農業は技術であるから、他の狩猟採集民の間にも伝えられ、農業は世界に広がった」という説も根強く唱えられている。しかし、農業は当時、最先端の産業であり、しかも、時代がたつにつれ新しい技術の蓄積が進み、分布の最外端部では、狩猟採集民との技術的格差は開く一方で、簡単には真似ることのできない産業に成長していったはずである。

よく種籾《たねもみ》を分けてもらえれば農業で暮らせるなどと、安易な発想でスローライフを実践しようとする人もいるが、多くは失敗している。成功するためには、親身になって世話をし、手ほどきしてくれる隣人が必須である。

また、家畜も最初に家畜化された動物の子孫が広がっていっており、近縁種がいても、新たに家畜化するという現象は見られない。このことは家畜種のＤＮＡ分析によって明らかにされている。

農業民 VS. 採集狩猟民

農業の拡散とは、農村の人口が増え、分村していった現象である。西アジア型農業は人間＝植物＝動物という人工の自然界を再現することであり、野生の動植物は全て天敵であり、根絶やしにする必要がある。ヨーロッパの森林地帯に農業が広がっていった時は、森を焼き払ってフィールドを作っており、厚い灰層が認められている。

その地にいた採集狩猟民にとって農業民はエイリアンのような存在であり、理解すべき相手ではないが、多勢に無勢で滅ぼされていった。とくに、農業民は家畜を伴うが、家畜に固有のウイルスがさまざまな病気をもたらしたことはよく知られている。農業民は何とかウイルスと折り合いをつけ、種として存続できるようになっていったが、狩猟民は農業民と接触すると病気によって絶滅することも多かった。このことは、現代でさえ、ブラジルの奥地で見られる現象である。

村の人口が増えると、若者たちは新しい土地に植民し、種を播《ま》いていった。収穫が得られるまでは、母村からの援助を受けることも多かったに違いない。このようにして、農業は、平均すると一年に一キロぐらいの早さで、分布域を広げていったのである。

農業民、東へ向かう

シリア北部で一万年前頃に確立した西アジア型農業は、やがて農業可能な地に分布を広げていった。これがDNA分析による第④の波に相当することは、議論の余地はない。ヨーロッパの大部分、イラン、北インドでインド・ヨーロッパ系言語が使われているということは、北シリアにいた人々が元来インド・ヨーロッパ系言語を使っていたと考えるのが最も素直な解釈である。

東の方に広がっていった新石器時代の人々は、インド・イラン系言語を話す人々であり、イランや中央アジアに定着した人々（おそらく金石併用期以降の人々）はイラン語、さらに遠方のインドに到達した人々は類縁語であるインド・アーリヤ語を話すようになっていったのであろう。

セム語VS.インド・ヨーロッパ語

メソポタミアの方ではセム語が主流になっていったが、それは後からやってきたセム系の人々が政治的、経済的に実権を握った結果である。セム語は現在ではアフロ・アジア語群に分類されている。この言語群にはチャド語や、ベルベル語、古代エジプト語などがあり、アラビア語を含むセム系言語も含まれている。古代のアッカド語やバビロニア語、アッシリア語、シリア語、ヘブライ語なども、その一群である。

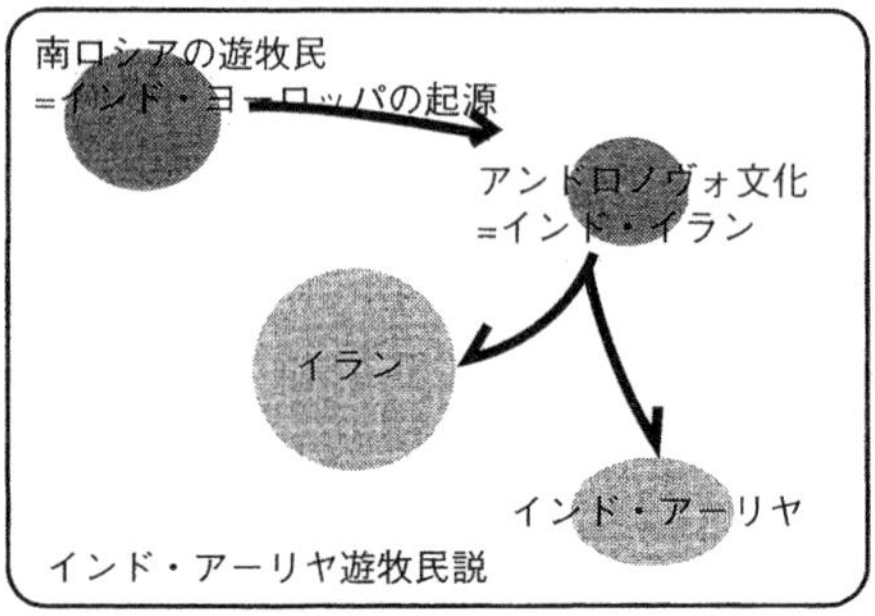

学界の定説（パルポラ博士など）

インド・ヨーロッパ人を遊牧民とし、インダス文明はインド・アーリヤ人の侵入によって滅ぼされたという伝統的な説。考古学的証拠や人類学的な証拠と矛盾する。

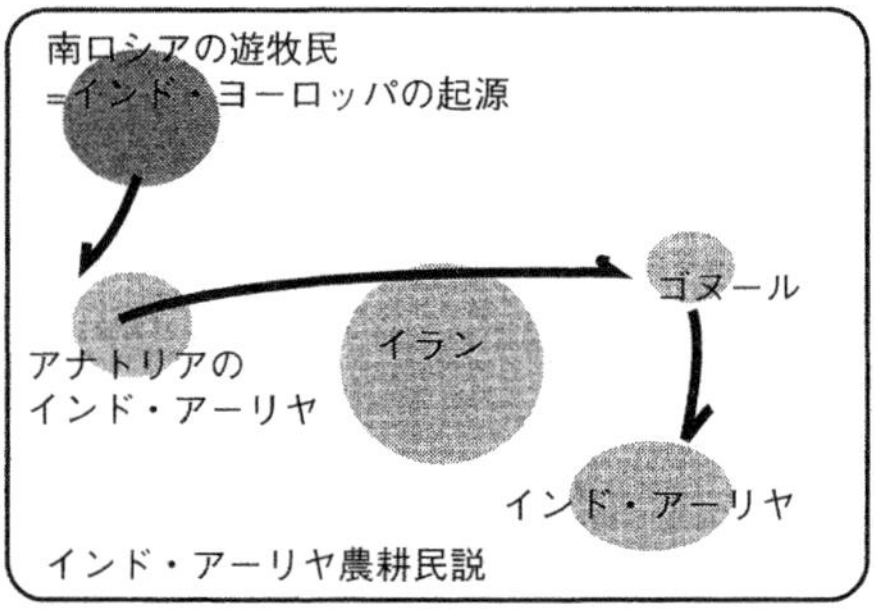

サリアニディ説

インド・ヨーロッパ人を遊牧民とし、アナトリアに進出したプロト=インド・アーリヤ人が東漸し、ゴヌールから南下し、インダス文明を破壊したとする。考古学的根拠は極めて薄弱。

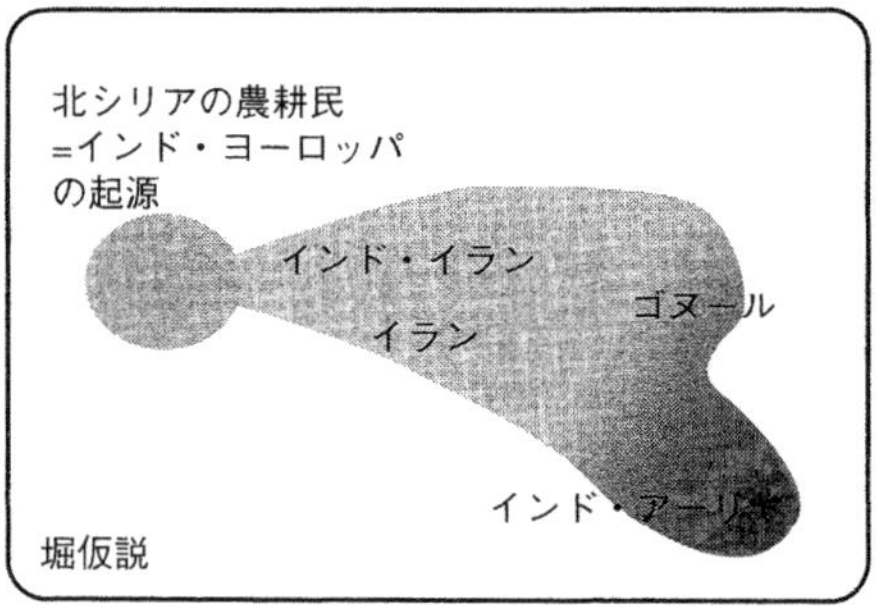

インド・ヨーロッパ人北シリア起源論（堀仮説）

インド・ヨーロッパ人はヨーロッパから中央アジア、インドまで拡がっている。この現象は、北シリアを起源とする紀元前6000年頃の農業民の拡散に一致する。

図21　インド・イラン語族の東方移住に関する諸説

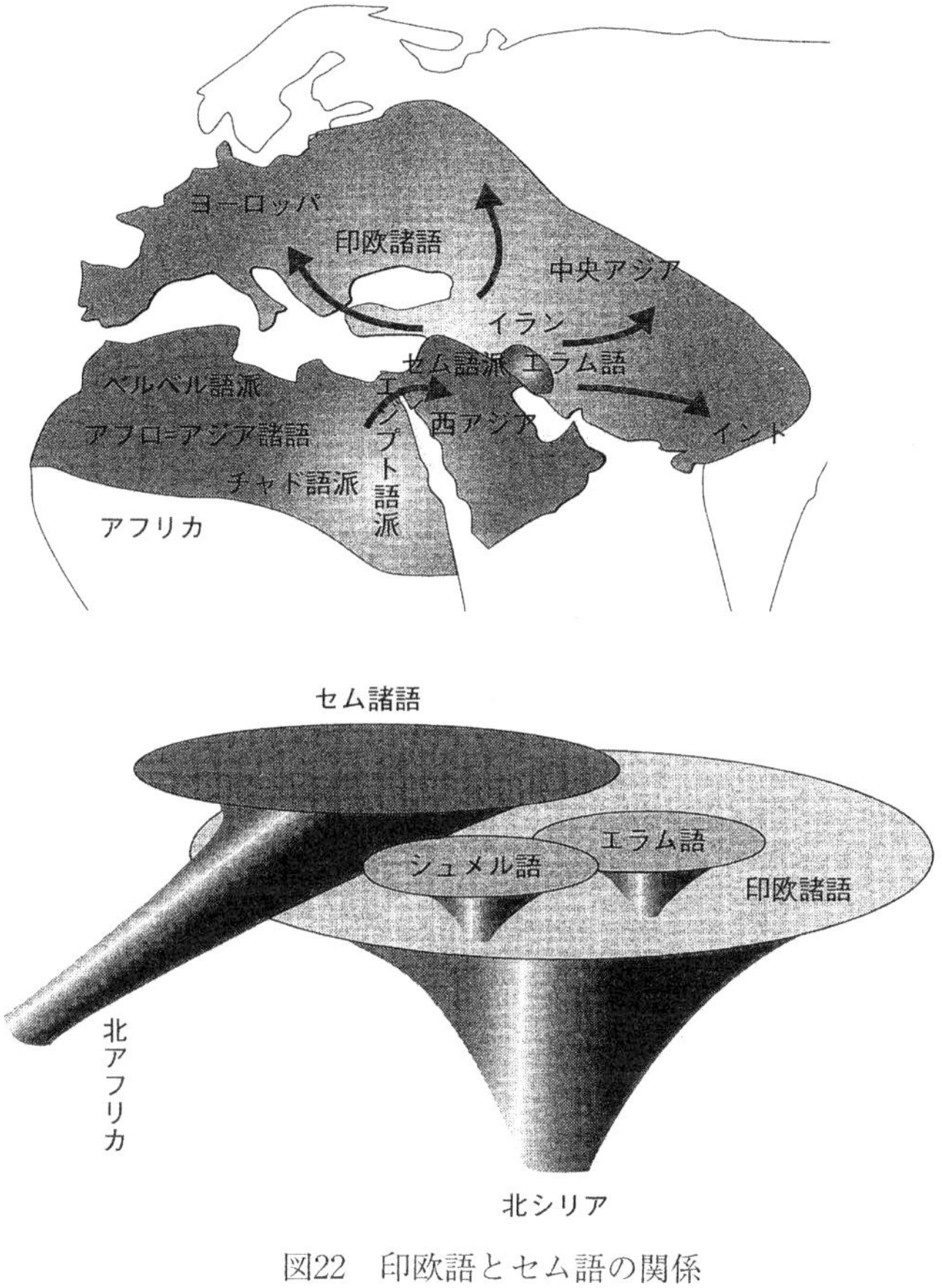

図22　印欧語とセム語の関係

西アジアでは現在、アラビア語とヘブライ語、ほんのわずかなアラム系言語が使われているが、最も多くのセム系言語はエチオピアで使われており、その数は一一を数えるという。セム語はアフリカ起源で、西アジアにも広がっていったことは明らかであろう。西アジアではセム系言語が太古の言語を滅ぼし、その存在すら認められなくなっているのである。

方言周圏論

西アジアを中心に見ると、セム系言語が中心を占め、インド・ヨーロッパ系言語がそのまわりを取り巻くように分布している。周縁のインド・ヨーロッパ系言語の分布の中心が南ロシアであるから、比較言語学では南ロシアこそインド・ヨーロッパ人の起源地に違いないと思い込んでいたのである。

このような平面的な見方ではなく、歴史を立体的に見ると、まったく違った像が浮かんでくるのである。

日本民俗学の父、柳田国男の業績の一つに方言周圏論がある。これは「蝸牛《かたつむり》考」という論文にまとめられた。

カタツムリを反映していることを表すさまざまな方言を集成した時、同じ方言は都である京都を中心に周縁状に分布すること、そして東北など離れた地域の方言は、より古い都言葉を反映していることが明らかにされたのである。

この理論を西アジアに応用すれば、周辺に広がるインド・ヨーロッパ諸語は、中心に分布するセム諸語よりも一段と古いものであることが想定される。つまり、インド・ヨーロッパ諸語の分布の中心は見かけ上の中心である南ロシアではなく、分布全体の中心＝北シリアであろうという仮説が成立するのである。

統合説の提唱

私の提唱する「インド・ヨーロッパ人北シリア起源説」は最新の言語系統樹とも一致し、また、人類のＤＮＡ分布とも矛盾しない。考古学的にも、最も素直な解釈であろう。

人類の移動に関する関連諸科学、すなわち、人類学、考古学、比較言語学の三者を統合したものであり、私は「統合説」と呼びたいと思う。これ以外の説、たとえば定説である南ロシア起源説などは、考古学や人類学の成果と矛盾しており、もはや学問的根拠を失っているといわざるを得ないのである。

この仮説の立場からすると、これまでの古代史学は真っ向から書き直しを迫られるであろう。インド史、中央アジア史、イラン史、メソポタミア史、ヨーロッパ史、全てが見直しの対象になる。これまでのように安易に証明もされていない定説に寄りかかることはできない。もちろん教科書も書き直しが必要であるが、それはかなり先のことになろう。例の旧石器捏造事件の時は、教科書も新説を直ちに取り入れるという過ちを犯したが、教科書は二〇年前の定説で書けばよい（教科書を執筆する大家は、新しい学説を理解できない旧世代に属する）のである。

印欧語族南ロシア起源説に立って書く場合も、その根拠を示さなければ、学問的には不誠実のそしりを受けかねない。印欧語族北シリア起源説に立つ場合は、その論をより実証的なものにするために、それぞれ専門の立場から共同研究に参加して行くべきではなかろうか？

私の個人的な研究が、このような大きな意味を持つことになるのかどうか、それは私が決めることではない。この仮説に触れた人が、専門家であれ非専門家であれ、論理として受け入れる余地があるのかどうかを検証すべきである。否定するのであれば、もっとよい仮説を提出しなければならない。

日本の学会では、異端の説が出てくると、無視するという傾向が強かった。そうしなければ学会アカデミズムが崩壊するからである。中央アジアの先史考古学について、我が国で専門家と呼べるのは、私一人であるかもしれない（論文を発表していない若い世代もきっといると信じるが)。そのような専門家が、自分の専門を賭けて発言しているのであるから、無視はしない方がよいのではなかろうか。

「自分にはこの方面の知識が十分にないから判断できない」といって逃げる専門家も大勢いるが、それは学問というものを理解していない人物であろう。ディテールに関する知識がなくても、論理が正当かどうかを判断することは可能だからである。論理を支えるさまざまな事実を過不足なく提出しているか？　アマチュアのように自分に都合のよい事実だけを羅列していないか？　これが専門家と非専門家を分ける基準であり、専門家と呼ばれる人の中にも往々にして、都合の悪い事実を隠したり、無理矢理小さく見せて自分の論理を貫徹しようとする人も見受けられる。これを曲学阿世の徒と古来呼んでいる。

新しいインド文明像を求めて――エピローグ

ここ十数年にわたって中央アジア考古学を勉強してきた私にとって、隣接するインド先史考古学の現状は、いかにも飽き足らないものであった。

インド・アーリヤ・プロジェクト

二〇世紀初頭にインド考古学の礎を築いたマーシャルやハーグリーヴス、マッケイ、ウィーラーなどのそうそうたる研究者の成果が、そのままの形で現在でも生きているのである。彼らの仕事が極めて基本的かつ根本的であったのかもしれない。

しかし、その周辺地域では次々と新しい発見がなされている。ジャリージュたちのメヘルガル遺跡（バルチスタン）の発掘、サリアニディのバクトリアやメルヴでの広範囲な調査、ゲニングによるシンタシタ遺跡（ロシア）の発掘、フランクフォールによるショルトガイ遺跡（アフガニスタン）の発掘、トッシのシャフリ・ソフタ遺跡（イラン）の調査など、枚挙にいとまもないくらいである。そして理論はさらに深められ、仮説の革新が行われているのである。

相変わらずのインド学

インド考古学でも新しい発見や調査が行われているにもかかわらず、新しい理論や仮説はさっぱりと聞こえてこない。それは、あながち、私の不勉強のせいだけではあるまい。

インドでの人類学的研究の深化は極めて瞠目《どうもく》すべきことであるにもかかわらず、文化論、文明論の中に充分には反映されていないのではなかろうか？

これを私の一方的な偏見であると主張するなら、数年前にＮＨＫが開催した世界四大文明展のカタログを見てほしい。日本ではなかなか眼にすることもできなかった遺物がたくさん展示され、エジプトやメソポタミア、中国などとは比べようもないほど、内容は充実していた。しかし、そこに描かれているインド文明像は、相も変わらぬ数十年前の研究成果の焼き直しにすぎないといったら言いすぎであろうか？

大きすぎる対象

インド文明という大きな対象を扱う場合には、単独の学問ではカバーしきれず、関連学を網羅した総合的な研究が必要であろう。「群盲、象をなぜる」の諺にあるとおり、考古学だけ、あるいは神話学だけでは、古代文明は決してその姿を見せてはくれない。

これまでは比較言語学の仮説であるインド・アーリヤ人征服説が基盤とされ、その上に考古学や民族学などの諸学問が成り立つとされてきた。まるで江戸時代の踏み絵のようなもので、それに基づかない、あるいは反対する仮説は、異端とされ無視されてきたのである。

その総体がインド文明論となるから、極めてバイアスのかかった議論が行われ、結果としてタミル分離論、あるいはアーリヤ系とドラビダ系の民族紛争まで引き起こし、インド社会の不安定要因となっている。比較言語学の一仮説が、このような社会不安に責任が持てるとは到底思われない。

新しいインド文明像

インドの古代文化や文明を論じるときに関係する学問は考古学、比較言語学だけでなく、民族学、建築学、宗教学、植物生態学、動物学、人類学、人文地理学、自然地理学など多岐にわたるであろう。それぞれの分野の学問的方法論に基づいてインド古代文明発達史を構築し、お互いに持ち寄ってどこまですりあわせが可能なのか、あるいはどの方面の詰めが必要なのかを検討する……これがいま必要とされているのではないだろうか。

インド・アーリヤ民族なるものが南ロシアから大挙してやってきたとは、少なくとも考古学や聞きかじりの人類学などからして、到底考えられないと思う。しかし、これも仮説にすぎない。

比較言語学上の事実は、「インド系言語とイラン系言語は極めて密接な関係にあり、全体としてはインド・ヨーロッパ系言語の中のインド・イラン語派に属する」ということである。これを民族大移動と結びつけるのも仮説にすぎない。言語の変化、あるいは共通化にはさまざまな状況が考えられ、すべてを民族移動とすることは到底受け入れられないだろう。

それはレンフリューの言う「エリート支配集団の侵入」に起因しているのかもしれない。そのような仮説を立てても、先史時代のことであるから、考古学的に定義される文化のどの段階で起こったのかは確定しがたい。身近な例で言えば、ロシア革命の後にロシア語が周辺地域に拡がっていったが、それは数十年間のことであり、考古学の時間感覚で言えば一瞬にすぎない。

歴史叙述＝仮説

私は新しいインド文明像を創りたいと考えているが、もしできあがったとしても、それも仮説にすぎない。私たちが扱う歴史学という学問は、真実を究明しているわけではない。歴史はあくまで複雑系に属し、ただ解釈・仮説のみが存在しえるにすぎない。歴史学は演繹法（基本定理に基づき論理的に構成する）ではなく、帰納法（事例を集めて抽象化していく）の学問であるから、さまざまな事実レベルの資料を組み合わせ、私たちにとって納得できるように再配置し、再評価し、意味づけを行っているにすぎないのである。

私たちの作業を通じて過去の真実が明らかになるのではなく、解釈のあり方に私たちの時代精神が表現されるのである。だからこそ私は、一〇〇年前の仮説を後生大事にするのはなんだかなぁ……と、この本をまとめたのである。

学際的プロジェクト

このような発想で、新しく南アジア文明プロジェクトを立ち上げようとしている。これはインドやパキスタン、中央アジア、ロシアを含めた各国の研究者との共同研究でなければ実現できないものである。

我が国のインド学の中心は仏教学であり、このような先史時代を対象とする研究者の層は極めて薄い。まして人類学などでは、インドに関心を持った人はほとんどいないであろう。文献にしても、纏まった図書館は存在せず、研究者がインドに行って個人的に購入することがほとんどであった。こういった環境では学生を育てることもできないのである。

しかし、我が国の企業では、中国はすでに飽和状態で、次はインドへの投資が盛んに唱えられている。このような状況の中で、インドに関する国民の関心もしだいに高まっていくことが予想されるが、それに学界が応えるような態勢は極めて心細い状態なのである。

調査計画

私の立てた計画では、まず最初に問題点を明らかにするために国際シンポジウムを行う。そのためにも、インド古代学研究の現状を日本側研究者も認識しなければならない。各分野の担当者がサーヴェイを行い、問題点や課題の把握に努めなければならないのである。

その後、現地の研究機関との共同調査に踏み込むが、当面発掘調査はせずに、遺跡分布調査、外観調査を優先する。発掘は次の段階、おそらく私が学界から引退した後に、若い研究者を中心にやってもらおうと考えている。

とりあえず課題と考えているのは、
一、インダス川上流地域におけるインダス文化後期から初期鉄器時代の遺跡調査（人工衛星画像を使いながらジェネラル・サーヴェイ）＝パキスタン考古学班。
二、ガンジス川上流地域における初期鉄器時代の遺跡調査（人工衛星画像を使いながらジェネラル・サーヴェイ）＝インド考古学班。
三、インダス期、初期鉄器時代、ＢＭＡＣ文化、アンドロノヴォ文化、イラン東部の青銅器時代の出土人骨の総合的研究＝形質人類学班。
四、インダス期、初期鉄器時代、ＢＭＡＣ文化、アンドロノヴォ文化、イラン東部の青銅器時代の出土人骨のＤＮＡ分析による比較研究＝遺伝子人類学班。
五、インダス期、初期鉄器時代の遺物の研究とデータベースの作成（各博物館に収蔵されている発掘資料の調査）＝考古学遺物調査班。
六、インダス文化から初期鉄器時代、歴史時代のインドの都市構造の研究＝建築学班。
七、南ロシアから中央アジア、中国間での古代馬のＤＮＡ分析による系統の研究＝動物学班。
八、インド・アーリヤ人征服説の成立過程の研究、歴史資料の分析など＝歴史班。
総合的研究では比較言語学や宗教史の研究も欠かせないが、その方面からインド・アーリヤ仮説が提唱されてきたという歴史もある。私たちは、それに対するアンチ・テーゼが確立できるかどうかを試みるわけであるから、比較言語学とのすりあわせは次の段階で良いと判断する。

日本人の立場から

インド文明史はイギリスやドイツなどヨーロッパの研究者によって研究され、インドやパキスタンなどの学者がそれに従う、あるいは反発するなどの対応をしてきた。日本の研究者が独自の立場で発言したことは、ほとんどなかったと言っても過言ではない。しかし、当該国をのぞくと、アジアの諸国の中で、この問題に発言する力を持っているのは日本の研究者しかいないのも事実である。我が国では仏教学の伝統が根づいており、その根元を探り研究することは自然だからである。

ヨーロッパの植民地主義に対する反発などもあり、インドやパキスタンでは国粋主義的な風潮も盛んである。たとえばインダス文明とインド文明の連続性を主張し、インダス語はインド・アーリヤ語であったとする説も唱えられている。その立場に立って、インダス語は世界最古のインド・ヨーロッパ語であり、ラテン語もギリシア語もインドの祖語を基に派生したという解釈も提出されている。この説は、一般民衆の間では極めて人気がある。

ヨーロッパの研究者たちは、このような説を学問的な論評に値しないとして、頭から無視するのが普通である。確かに、インダス語をヴェーダ語で解読したと称する説は、こじつけとしかいえないようである。

一方、ヨーロッパの学者の提唱するインダス文字解読のさまざまな試みも、こじつけ以上のものではないことも確かである。両者を対等に、そして冷静に見ることのできる日本の研究者の果たすべき役割は、決して小さくはないと感じるのである。

西洋と東洋が対等な立場で忌憚なく対話できる場所、それは日本以外にはあり得ないし、その対話に入っていける体制を作ることが急務なのではなかろうか?

あとがき

私は考古学を専攻し、大学では中国の青蓮崗《せいれんか》文化について卒業論文を書いた。その頃は長崎国旗事件の余波で中国とは国交断絶状態にあり、留学など考えることもできなかった時代である。修士論文ではトルクメニスタンの初期農耕文化についてまとめたが、それは当時イランやイラクで考古学調査が行われており、それに接近するためであった。

博士課程に進んでからは、イランやイラクの先史文化を中心に勉強し、東京大学東洋文化研究所のイラク・イラン調査団に加えていただき、初めての海外調査をイランのハリメジャン遺跡、イラクのテル・サラサートで経験させていただいた。

古代オリエント博物館に勤めるようになってからは、展示の傍ら、イランや中央アジアの先史文化の研究を進め、その間にはウズベキスタンで発掘調査を行うなど、貴重な体験をすることができた。いまはインド＝アーリヤ・プロジェクトを立ち上げ、共同研究者のみなさんと、研究を何とか軌道に乗せようと四苦八苦しているところである。

このような形で日本の考古学界の中で多少なりとも活動できるようになったのは、ひとえに故佐藤達夫先生の学恩である。

また、公私にわたりご指導いただいた関野雄、江上波夫、曾野寿彦、深井晋司など諸先生は皆鬼籍に入られたが、私の活動を見守っていてくださるのではないかと信じている。

二〇〇七年十一月

堀　晄

参考文献

〔海外文献〕

ALEKSHIN, V. A.（1973）“Kammennyie giri s drevnezemlede'lichiskikh poselenii Yudzinai Turkmenii”, *Sovietskaya Arkheologiya*, 1973-4.

ASKAROV, A.（1977）*Drevnezemledel'cheskaya kur'tura epokhi bronzyi yuga Uzbekistana*, Fan, Tashkent.

ASKAROV, A. & B. N. ABDULLAEV（1983）*Djarktan*, Fan, Tashkent.

ASKAROV, A. & L. I. AL'BAUM（1979）*Poselenie Kuchuktepa*, Fan, Tashkent.

ASKAROV, A. & T. SHIRINOV（1994）“The Palace, Temple and Necropolis of Jarkutan”, *Bulletin of the Asia Institute,* 8 : 13-25, Michigan.

BOBOMULLOEV, S.（1997）“Ein bronzezeitliches Grab aus Zardča Chalifa beu Pendzikent”, *Archälogische Mitteilungen aus Iran und Turan*, 29 : 121-134, Berlin.

BOROFFKA, V. N. & E. SAVA（1998）“Zu den steinernen Zeptern/Stößel-Zeptern, Miniatursäulen und Phalli der Bronzezeit Eurasiens”, *Archälogische Mitteilungen aus Iran und Turan*, 30 : 17-114, Berlin.

DUKE, Kh.（1982）*Tuyabuguzskie poceleniya Burgyukskoi kul'turyi*, Fan, Tashkent.

FRIFELT, K. & P. SORENSEN（ed.）*South Asian Archaeology* 1985 : 150-166, Curzon Press, London.

GENING, V. F.（1977）“Mogil'nik Sintashta i problema rannikh indoiranskikh plemen”, *Sovetskaya Ark-*

heologiya 1977 (4) : 53–73, Moscow-Leningrad.

GIMBUTAS, Marija (1956) *Bronze Age Cultures of Central and Eastern Europe.*

GRAY R. D. et al. (2003) *Nature*, Vol. 426–427.

GULYAMOV, Ya. G., U. ISLAMOV & A. ASKAROV (1966) *Pervobytnaya kul'tura i vozniknovenie oroshaemogo zemledeliya v nizav'yakh Zarafshana*, Fan, Tashkent.

HIEBERT, F. T. (1994) Origins of the Bronze Age Oasis Civilization in Central Asia, American School of Prehistoric Research Bulletin 42, Peabody Museum.

HIEBERT, F. T. (1981) "Namazga-depe and the Late Bronze Age", in KOHL (ed.) 1981, 35–60.

HUFF, D. & Sh. SHAIGULLAEV (1999) "Hekotoryie rezul'tatyi rabot Uzbesko-Germansoi ekspeditsii na gorodishche Djarkutan", Istorira material'noi kul'turyi Uzbekistana, 30 : 19–26, Samarkand.

ISANUGGUNOV, M. & K. RAPEN (1999) "K stratigrafii gorodishcha Koktepa", *Istorira material'noi kul'turyi Uzbekistana*, 30 : 68–79, Samarkand.

JARRIGE, J-F. & U. HASSAN (1989) "Funerary Complexes in Baluchistan at the End of the Third Millennium in the Light of Recent Discoveries at Mehrgarh and Quetta", in K. Frifelt & P. Sorensen ed. *South Asian archaeology 1985,* Scandinavian Institute of Asian Studies, Occasional Paper 4, 1989.

KHLOPINA, L. I. (1972) "Southern Turkmenia in the Late Bronze Age", *East and West*, 22 (2) : 199–214, Rome.

KOHL, P. L. (1981) (ed.) *The Bronze Age Civilization of Central Asia*, M. E. Sharpe Inc., New York.

KOHL, P. L. (1984) Central Asia, Paleolithic beginnings to the Iron Age, Éditions Recherche sur les Civilisations, Paris.

MASIMOV, I. (1979) "Izuchenie pamyatnikov epokhi bronzi nizovii Murgaba", in Sovietskaya Arkheologiya, 1979(1) : 111–131, Moscow.

MASSON, V. M. (1959) Drevnezemledel'cheskaya Kul'tura Margianyi, MIA 73, Moscow-Leningrad.

MASSON, V. M. (1981) Altyin-depe, TYuTAKE XVIII, Nauka, Leningrad.

MEIER-MELIKYAN, N. R. (1990) "Opredelenie rastitel'nyikh ostatkov iz Togolok 21", in PARPOLA, A.

MEIER-MELIKYAN, N. R. (1993) "Margiana and the Aryan Problem", *Information Bulletin*, 19 : 41–62, Moscow.

PUMPELLY, R. (ed.) (1908) *Explorations in Turkestan*, Carnegie Institution of Washington, Washington.

SARIANIDI, V. S. (1971) "Issledovanie sloev rannedjeleznogo veka na Ulug-depe", *Arkeologicheskie otkry-itiya 1970 goda*, 433–434, Moscow.

SARIANIDI, V. S. (1980) "Kul'tovui sosud iz Margianyi", Sovetskaya Arkheologiya, 1980(2) : 169–179, Moscow.

SARIANIDI, V. S. (1981) "Margiana in the Bronze Age", in Kohl (ed.) 1981, 165–193.

SARIANIDI, V. S. (1989) Khram i nekropol' Tillyatepe, Nauka, Moscow.

SARIANIDI, V. S. (1990) Drevnosti Stranyi Margush, Ylym, Ashkhabad.

SARIANIDI, V. S. (1993) "Margiana in the Ancient Orient", in *Information Bulletin*, 19 : 3–28, Moscow.

SARIANIDI, V. S.（1994）“Aegenean-Anatorian Motifs in the Glyptic Art of Bactria and Margiana”, *Bulletin of the Asia Institute* 8 : 27–36.

SARIANIDI, V. S.（1998）*Margiana and Protozoroastrism*, Kapon Editions, Athens.

SARIANIDI, V. S.（2001）“The Indo-Iranian Problem in the light of the Latest Excavations in Margiana”, in Vidyarnavavandanam, Essays in Honour of Asko Parpola, Sutudia Orientalia, 94 : 417–442, Helsinki.

TEUFER, V. M.（1999）“Ein Scheibenknebel aus Dzarkutan（Süduzbekistan）”, *Archälogische Mitteilungen aus Iran und Turan* 31 : 69–142, Berlin.

ZADNEPROVSKII, Yu. A.（1962）Drevnezemledel’cheskaya Kul’tura Ferganyi, MIA 118, Moscow-Leningrad.

〔日本語文献〕

岩田重雄（一九九〇）「天秤と死後審判思想」『オリエンテ』二号

カウテリヤ、上村勝彦訳（一九八四）『実利論』岩波文庫

ケノイヤー・J・M（二〇〇三）「商人が築いたインダスの古代都市文明」『日経サイエンス』二〇〇三年一〇月号

ジャブロンスキー・N・G、チャップリン・G（二〇〇五）「肌の色が多様になったわけ」馬場悠男編『別冊 日経サイエンス 人間性の進化』

ターパル・R（山崎元一、成沢光訳）（一九八六）『国家の起源と伝承』叢書ウニベルシタス、法政大学出版局

堀　晄（一九八六）“A Consideration of the Ancient Near Eastern Systems of Weight”, *Orient*　日本オリエント学会
堀　晄（一九九〇）「考古学から見たインド＝ヨーロッパ語問題」『古代オリエント博物館紀要XI』
堀　晄（一九八五）「イランおよびアフガニスタン出土の分銅について」『深井晋司博士追悼シルクロード美術論集』吉川弘文館
堀　晄（一九九五）「インド＝ヨーロッパ民族大移動否定論」『文明学原論―江上波夫先生米寿記念論集』山川出版社
堀　晄（二〇〇五）「インダス文字は文字なのか？　文字ではないのか！」『オリエンテ』三一号、古代オリエント博物館
風間喜代三（一九九三）『言語学の誕生』岩波新書六九
風間喜代三（一九九三）『印欧語の故郷を探る』岩波新書二六九
津田元一郎（一九九〇）『アーリアンとは何か』人文書院
江上波夫（一九九一）「インド＝ヨーロッパ語族研究について」『民族の世界史1』山川出版社
大林太良（一九九一）「広域間の移動―大語族の移動―」『民族の世界史1』山川出版社
キャヴァリ＝スフォルザ（一九九三）「遺伝子と人間と言語」『日経サイエンス特集人類学』日経サイエンス社
瀬戸口烈司（一九九五）『人類の起源大論争』講談社
山崎元一（一九七九）『インド社会と新仏教』刀水書房

長田俊樹（二〇〇二）『新インド学』角川書店
瓜生津隆真（二〇〇四）『龍樹　空の論理と菩薩の道』大法輪閣

著者紹介

一九四七年、富山県に生まれる

一九七九年、東京大学人文科学研究科考古学専攻博士課程単位拾得退学

現在、古代オリエント博物館研究員

主要著書・論文

文明学原論(編著)　Sculptures of Commagene Kingdom(共著)　中央アジア発世界最古の分銅(『日経サイエンス』二〇〇六年一〇月号)

歴史文化ライブラリー
251

古代インド文明の謎

二〇〇八年(平成二十)三月一日　第一刷発行
二〇〇八年(平成二十)六月二十日　第二刷発行

著者　堀《ほり》　晄《あきら》

発行者　前田求恭

発行所　株式会社　吉川弘文館
東京都文京区本郷七丁目二番八号
郵便番号一一三—〇〇三三
電話〇三—三八一三—九一五一〈代表〉
振替口座〇〇一〇〇—五—二四四
http://www.yoshikawa-k.co.jp/

印刷＝株式会社　平文社
製本＝ナショナル製本協同組合
装幀＝清水良洋・渡邉雄哉

歴史文化ライブラリー

1996.10

刊行のことば

現今の日本および国際社会は、さまざまな面で大変動の時代を迎えておりますが、近づきつつある二十一世紀は人類史の到達点として、物質的な繁栄のみならず文化や自然・社会環境を謳歌できる平和な社会でなければなりません。しかしながら高度成長・技術革新にともなう急激な変貌は「自己本位な刹那主義」の風潮を生みだし、先人が築いてきた歴史や文化に学ぶ余裕もなく、いまだ明るい人類の将来が展望できていないようにも見えます。このような状況を踏まえ、よりよい二十一世紀社会を築くために、人類誕生から現在に至る「人類の遺産・教訓」としてのあらゆる分野の歴史と文化を「歴史文化ライブラリー」として刊行することといたしました。

小社は、安政四年（一八五七）の創業以来、一貫して歴史学を中心とした専門出版社として書籍を刊行しつづけてまいりました。その経験を生かし、学問成果にもとづいた本叢書を刊行し社会的要請に応えて行きたいと考えております。

現代は、マスメディアが発達した高度情報化社会といわれますが、私どもはあくまでも活字を主体とした出版こそ、ものの本質を考える基礎と信じ、本叢書をとおして社会に訴えてまいりたいと思います。これから生まれでる一冊一冊が、それぞれの読者を知的冒険の旅へと誘い、希望に満ちた人類の未来を構築する糧となれば幸いです。

吉川弘文館

〈オンデマンド版〉
古代インド文明の謎

On Demand
歴史文化ライブラリー
251

2021年（令和3）10月1日　発行

著　者　堀《ほり》　晄《あきら》
発行者　吉川道郎
発行所　株式会社　吉川弘文館
〒113-0033　東京都文京区本郷7丁目2番8号
TEL　03-3813-9151〈代表〉
URL　http://www.yoshikawa-k.co.jp/

印刷・製本　大日本印刷株式会社
装　幀　清水良洋・宮崎萌美

堀　晄（1947～）

ISBN978-4-642-75651-8